W0071919

Bettina Gerken · Claudia Prüß

Trauerbewältigung in der Altenpflege

Erkennen – Erfahren – Handeln

Bettina Gerken · Claudia Prüß

Trauerbewältigung in der Altenpflege

Erkennen – Erfahren – Handeln

Die Deutsche Bibliothek-CIP-Einheitsaufnahme

Gerken, Bettina:
Trauerbewältigung in der Altenpflege : erkennen, erfahren, handeln /
Bettina Gerken ; Claudia Prüß. – Hannover : Schlütersche, 2002
  ISBN 3-87706-656-9

Anschrift der Autorinnen:

Bettina Gerken
Nordstraße 8
27419 Klein-Meckelsen

Claudia Prüß
Tornquiststraße 97
20259 Hamburg

Dipl.-Päd. Bettina Gerken lehrt Didaktik an der Fachschule für Altenpflege in Gyhum. Dipl.-Theol. Claudia Prüß unterrichtet dort Religion. Gemeinsam leiten sie Fortbildungen für Altenpflegekräfte zum Thema Sterbe- und Trauerbegleitung.

Mehr wissen – besser pflegen!

Besuchen Sie unser Pflegeportal im Internet.

© 2002 Schlütersche GmbH & Co. KG, Verlag und Druckerei,
Hans-Böckler-Allee 7, 30173 Hannover

Alle Rechte vorbehalten. Das Werk ist urheberrechtlich geschützt. Jede Verwertung außerhalb der gesetzlich geregelten Fälle muss vom Verlag schriftlich genehmigt werden. Eine Markenbezeichnung kann warenrechtlich geschützt sein, ohne dass dies besonders gekennzeichnet wurde.

Gestaltung: Schlütersche GmbH & Co. KG, Verlag und Druckerei, Hannover
Satz: PER Digitaler Workflow GmbH, Braunschweig
Druck u. Bindung: Druckhaus »Thomas Müntzer« GmbH, Bad Langensalza

Inhalt

Vorwort

In einer Zeit, die den Schutz des vorgeburtlichen Lebens, das Töten von überflüssigen Embryonen zugunsten der Erforschung von »Stammzellen« und die eigene Entscheidung, für sich »lebensunwert« gewordenes Leben zu töten zur Diskussion stellt, erscheint dieses Buch.

Es nimmt von den Menschen her Stellung, die Tod, Sterben und Trauer miterleben und begleiten müssen.

Dieses notwendige und hilfreiche Buch wendet sich besonders an die Menschen, die in den »helfenden-, pflegenden Berufen« arbeiten und regelmäßig eigenes Trauern und das Trauern anderer Menschen be- und verarbeiten und die nächsten Situationen schon auf sich zukommen sehen.

Aus meiner Arbeit, besonders in der Altenpflege, stehen mir viele Erlebnisse vor Augen, die in den einzelnen Fallbeispielen dieses Buches beschrieben werden und im Rückblick wird mir meine Hilflosigkeit dabei wieder lebendig.

Ich erinnere mich an die Gefühle, als ich merkte, ich verhalte mich hier falsch, denn ich kannte z.B. das »Beerdigungsritual« nicht oder als ich mich über das Lob der Angehörigen freute, weil wir den Toten so liebevoll versorgt hatten, sodass die Angehörigen die Angst verloren: »Wie werden wir unsere Mutter vorfinden?«

Darin liegt für mich der besondere Wert dieses Buches. Es hilft den Mitarbeitern in der Altenpflege und da besonders den »Altenpflegehelferinnen« und den »Altenpflegerinnen«, sich Informationen und Wissen anzueignen, das im Anschluss an die einzelnen Kapitel, möglichst in Gruppen, bearbeitet werden kann. Darum ist es auch gut im Unterricht einzusetzen. Es ist gut, dass es gerade in dieser Zeit erscheint, weil in den Schulen der »lernfeldübergreifende-, berufsorientierte Unterricht« immer mehr an Bedeutung gewinnt und auch im Lehrplan gefordert wird.

Genauso gut kann es in der Fortbildung, wenn es um das Thema »Trauerbewältigung« geht, eingesetzt werden.

Ich wünsche allen, die sich mit Trauerarbeit und Krisenbewältigung auseinandersetzen, dass sie den Punkt 9 der am Schluss genannten Hinweise für sich annehmen können:

»Lassen Sie die Menschen, wie sie sind, aber verlassen Sie sie nicht«,
und ich ergänze dazu:
Jeder kann nur soviel weggeben, wie er sich selbst gibt oder geben lässt.

Dem Buch wünsche ich auf seinem Weg einen vielfältigen Zuspruch.

Gyhum, im Juni 2001

Helmut Peitz – Schulleiter –
Fachschule Altenpflege
Berufsfachschule Altenpflegehilfe
Gyhum

Vorwort

Vor einigen Jahren hielt ich an der TU Berlin als Co-Dozentin eine Lehrveranstaltung zum Thema »Trauerprozesse in pädagogischen Berufen« ab. Unser Anliegen war, meine Erfahrungen in der Begleitung Trauernder – ich arbeite in einer Trauerberatungsstelle – in verschiedene pädagogische Berufsfelder als Grundlagenkonzept einzubringen.

Gedacht war die Veranstaltung für angehende Sozialpädagoginnen und Pädagogen. Es kamen vor allem aber auch Menschen aus pflegenden Berufen. Sie arbeiteten in Altenheimen, Diakoniestationen, im Krankenhaus – auf der Intensivstation mit Neugeborenen. Die Begleitung von Trauerprozessen und die Bewältigung eigener Trauergefühle gehörten zu ihrem alltäglichen Berufsalltag.

Da erzählte eine Frau aus einem Pflegeheim, wie kompliziert das Miteinander ist, wenn ein Mensch stirbt. Die Angehörigen haben vielleicht Schuldgefühle, weil sie die Pflege zu Hause nicht bewältigen konnten und das Pflegepersonal ist traurig, weil sie über viele Jahre sehr intensiv mit diesem Menschen gelebt haben, der nun in ihrem Leben fehlt. Und dann muss der Platz sofort wieder belegt werden. Da erzählt die junge Krankenschwester, wie ein Neugeborenes stirbt, die Eltern es nicht fassen können, der Schwester Vorwürfe machen, weil sie weint, Trauer steht ihr nicht zu. Ihre Rolle sieht vor, dass sie die Eltern professionell unterstützt. Niemand sieht, wie sie immer ängstlicher wird, ein eigenes Kind zu bekommen, zu viele schwere Schicksale erlebt sie.

Da nimmt sich die Tochter einer achtzigjährigen Frau das Leben. Die Pflegerin erlebt die Trauer der alten Frau, spricht mit ihr und ahnt nur, wie dieser Verlust viele Verluste wachruft – die Fehlgeburten, den Tod des Ehemanns, aber auch die nachlassenden Kräfte, die Verwirrtheit, die die alte Frau manchmal ergreift – wie soll sie als Pflegerin damit umgehen?

Sie alle hatten den Weg an die Universität gefunden, weil sie sonst keine Möglichkeit wussten, sich über die Thematik sachkundig zu machen und nach einem eigenen Weg im Umgang mit Trauernden und der eigenen Trauer zu suchen.

Jahre später rief mich eine Frau an, die an diesem Seminar teilgenommen hatte. Ihre junge Tochter war verstorben und sie suchte Hilfe. Plötzlich stand sie auf der anderen Seite, war selbst betroffen. Auch das gehört zum beruflichen Alltag. Tod und Trauer treffen den Menschen unabhängig von seiner Rolle.

Das vorliegende Buch, das Sie in Händen halten, hat sich dieser Thematik in seiner Vielschichtigkeit gestellt. Es ist als Lehrbuch gedacht. Die Autorinnen, beide in der Altenpflegeausbildung erfahren, stellen die Perspektive der beruflichen Mitarbeiterinnen und Mitarbeiter in den Vordergrund. Ihr Thema ist die Trauerbewältigung, die Frage nach Leben-können mit Verlusten. Es stellt eine Fülle von Erkenntnissen, Denkanstößen, Übungen zu Verfügung. Es will anregen, die eigene Verbindung dazu zu suchen.

Ich wünsche dem Buch viele Leserinnen und Leser.

Berlin, im Juni 2001

Sabine Dille – Trauerberatung –
Ev. Kirchenkreis Berlin-Tempelhof

Einleitung

»In Asche all dieses Feuer«

Bei unseren ersten Überlegungen für die möglichen Inhalte und Zielsetzungen dieses Buches sind wir auf die oben genannte Zeile aus einem Gedicht von *Charles Baudelaire* gestoßen.

Mit ihr wird eine Gefühlslage bildlich zum Ausdruck gebracht, in die wir geraten, wenn wir einen schmerzlichen Verlust erleiden und darüber Trauer und Verzweiflung empfinden. Ein Teil des Ichs, der eigenen Identität scheint verloren gegangen, Freude und Sinnhaftigkeit sind wie ausgelöscht, kein Antrieb und keine Hoffnung sind mehr spürbar.

Das Bild von der Asche erscheint ebenso treffend für den Zustand, der in der sozialpsychologischen Fachliteratur als Burnout-Sydrom oder Helferleiden bekannt geworden ist. Aus einem anfänglichen »Feuer-und-Flamme-Sein«, aus Engagement, Einsatzbereitschaft und Neugier ist inneres Ausgebranntsein, Perspektivlosigkeit, Frustration und Resignation geworden. Ein Zustand, wie er durch den Begriff »Asche« symbolisiert wird: grau, erkaltet, erloschen.

Wer in der Altenpflege arbeitet, ist durch die tägliche Pflegearbeit ständig auch mit Verlusten, Gebrechlichkeit, Krankheit, Sterben und Trauergefühlen konfrontiert, sowohl bei den pflegebedürftigen alten Menschen als auch bei sich selbst. Insofern sind Pflegekräfte im Altenpflegebereich in besonderer Weise gefährdet: Einerseits durch die Verleugnung von Trauer, andererseits durch eine Überflutung von Trauergefühlen und die Entstehung von Burnout-Symptomatik und Depression.

Wir haben dies als Lehrkräfte an Ausbildungseinrichtungen oft beobachten können, wenn angehende Altenpflegerinnen aus ihrem ersten Praktikum in die Schule zurückkehrten und von ihren Praxiserfahrungen im Sinne eines Realitätsschocks berichteten, der bei ihnen Angst vor dem eigenen Alt-Werden und dem Altern ihrer Eltern ausgelöst und zurückgelassen habe.

Durch statistische Erhebungen wissen wir, dass ausgebildete Fachkräfte im Durchschnitt nicht länger als drei Jahre in der Altenpflege arbeiten, bevor sie aus der Pflege aussteigen und in ein anderes Berufsfeld wechseln. Dies weist unserer Auffassung nach einerseits auf steigende Anforderungen und Überforderungen hin, und andererseits auf die Notwendigkeit weitergehender Qualitätssicherung und Qualifizierung sowie Professionalisierung im Altenpflegebereich. Unser Beitrag zur Thematik der Trauerprozesse versteht sich als Schritt in diese Richtung.

Das Buch wendet sich an diejenigen, die für Ausbildung und berufliche Alltagspraxis in der Altenpflege Unterstützung und Möglichkeiten des positiven Umgangs und der Bewältigung von schwierigen Situationen und komplexen Gefühlen suchen.

Zurückkehrend zum Bild von Feuer und Asche, wollen wir die Auseinandersetzung mit Trauerprozessen und Trauergefühlen als Reflexion und mögliche Prävention vor allzu viel Asche, im Sinne beruflicher Frustration, verstanden wissen.

Im ersten Teil des Buches beschäftigen wir uns mit der Klärung der Frage, wie Trauer auf der Basis bisheriger psychologischer Forschungsansätze verstanden werden kann. Weiterhin werden Konzepte, Initiativen und psychosoziale Einrichtungen vorgestellt, die Hilfen anbieten und Trauernde und deren Begleiterinnen unterstützen. Schließlich wird auf die Todesrituale und Trauerbräuche in verschiedenen Kulturen und Religionen eingegangen.

Im zweiten Teil des Buches geht es darum, die Thematik konkret auf die Arbeitsanforderungen und Aufgaben der Altenpflege zu beziehen. Anhand von neun ausgewählten Themenbereichen wie z. B. »Umgang mit demenzkranken Menschen«, »Umgang mit Konflikten oder Stress« werden jeweils ein kurzer Einführungstext, Praxisbeispiele und Übungen zur Eigenreflexion und Reflexion in der Gruppe angeboten. Die Themenschwerpunkte sind dabei aus unseren Unterrichtserfahrungen abgeleitet, die wir im Zusammenhang mit der Bearbeitung von Trauererfahrungen in der Altenpflege gesammelt haben.

Die von uns entwickelten themenspezifischen Übungen sollen in der Auseinandersetzung mit Trauer sowohl sensibilisieren als auch Handlungskompetenz sichern und erweitern.

Die Auseinandersetzung mit Sterben, Tod und Trauer als gesellschaftliches Thema hat allgemein in den letzten Jahren zugenommen. Von Personen und Institutionen, die mit Schwerkranken und Pflegebedürftigen professionell zu tun haben, werden in diesem Zusammenhang Kenntnisse und Hilfen erwartet, die sie teilweise nicht besitzen. Im praktischen Umgang mit Trauernden und Sterbenden besteht weiterhin Hilflosigkeit, Sprachlosigkeit und Unsicherheit.

Im Alltagsgeschehen hat Trauer selten einen Ort und ihrem Erleben wird nur wenig Zeit eingeräumt. Trauer und Traurigkeit werden weitaus eher überdeckt, verdrängt und betäubt. Weil diese Gefühle so wenig zu erfolgsorientiertem Lebensstil und »Positivem Denken« passen, erleben Trauernde sich häufig als verrückt, verspüren zum Teil Angst, wahnsinnig zu werden oder in ein schwarzes Loch zu stürzen, das sie vom Leben trennt.

Nach psychologischem Verständnis wird Trauern als ein Prozess der Ablösung verstanden, der in Phasen verläuft. Man kann sich diesen Prozess wie eine Reise vorstellen, von Person zu Person verschieden, mit ungewissem Ausgang. Ablösung, Abschied, Trennung, Verlust sind wiederkehrende Erfahrungen und zugleich Anforderungen, die ins eigene Leben integriert werden müssen.

Wir wollen hier für den Bereich Altenpflege Anregungen zur Selbsterfahrung und zur Bearbeitung von Ängsten und Unsicherheiten aufzeigen, die mit der Trauerthematik verbunden sein können, um in der Praxis mehr Handlungsfähigkeit und Selbstsicherheit zu erreichen.

Das Buch ist so aufgebaut, dass es nicht von vorn bis hinten durchgelesen werden muss, sondern auch als Lehr- und Lernbuch zu speziellen Fragen und Themen genutzt werden kann.

Wir wünschen uns, dass es Ihnen bei Ihren persönlichen Anliegen weiterhilft und konkrete Handlungsmöglichkeiten aufzeigt.

Hamburg, im Juni 2001

Bettina Gerken
Claudia Prüß

Teil I
Trauernde verstehen und unterstützen

1. Psychologische Theorien zum Verständnis von Trauer

1.1 Trauer: Ein vielschichtiges Gefühl und eine menschliche Grunderfahrung

Trauer kann als ein intensives, vielschichtiges Gefühl, als Reaktion auf einschneidende Verlusterlebnisse beschrieben werden. Als solches gehört Trauer zu den Grunderfahrungen des menschlichen Lebens.

Grunderfahrung des menschlichen Lebens

Abschiede, Trennungen, Verlustschmerzen spielen als persönliche Herausforderungen und Entwicklungsaufgaben im Leben jedes Menschen eine Rolle. Dies nicht nur im hohen Alter, sondern auch in jungen Jahren, eigentlich bereits mit dem Beginn, mit dem Eintritt ins Leben selbst. Die Geburt als Trennung vom Mutterleib kann als Modell für wiederkehrende Abschieds- und Abnabelungsprozesse im Verlauf des Lebens angesehen werden. Es gilt, immer wieder Trauer und Verlustschmerz zu bearbeiten und ins eigene Leben zu integrieren, um neue Bindungen eingehen zu können.

Abschied

Obwohl niemandem das Empfinden von Trauergefühlen und der Umgang damit erspart bleibt, sind doch alle unterschiedlich betroffen. Das individuelle Ausmaß dieser allgemeinen Grunderfahrung unterscheidet sich je nach persönlicher Geschichte, Entwicklungsvoraussetzungen und Verarbeitungsmöglichkeiten. So trauern Kinder anders als Erwachsene, Männer anders als Frauen, Jugendliche anders als alte Menschen. Außerdem spielen unterschiedliche kulturelle und religiöse Vorstellungen, Überzeugungen und Rituale eine entscheidende Rolle in der Verarbeitung von Trauergefühlen. Insofern gilt: Obwohl Trauer einerseits

Individuelles Geschehen

eine allgemein menschliche Erfahrung ist, die jede und jeder kennt, ist sie andererseits höchst individuell, einzigartig, subjektiv und persönlich.

Im Folgenden wird geschildert, wie Trauer unter psychologischen Aspekten zu beschreiben und zu verstehen ist. Dabei werden ausgewählte Theorien zum Verständnis von Trauer vorgestellt und erläutert. In allen diesen Theorien wird Trauer als psychisch und sozial notwendiger Ablöseprozess verstanden, um Trennungen, Abschiede und Verluste auszuhalten und zu verarbeiten.

Trauer in Situationen der Altenpflege

Die Pflege von alten, gebrechlichen, zum Teil sehr schwer kranken Menschen am Ende ihres Lebens löst bei Pflegekräften nahezu unweigerlich früher oder später auch Trauergefühle aus. Während der Pflege stellen sie sich vor, wie es ihnen selbst im Alter ergehen wird, wie sie mit dem Verlust von nahen Menschen, Lebensmöglichkeiten, Gesundheit, Mobilität, Unabhängigkeit, Leistungsvermögen, eigener Wohnung wohl umgehen und zurechtkommen werden. Bei vielen entsteht in diesem Zusammenhang erst einmal Angst und Abwehr: »*Ich möchte nicht so enden wie …!*« Sie sehen und erleben im Alltag der Altenpflege eine Vielfalt von Verlusten bei den von ihnen Betreuten, bis hin zum Sterben und zum Tod. Hier stehen sie vor der Aufgabe, sich zu verabschieden und gut mit Trauergefühlen und Verlustschmerzen umzugehen, sodass sie ihre Arbeit bewältigen können, ohne abzustumpfen und innerlich auszubrennen.

1.2 Sigmund Freud: Trauer und Melancholie

Sigmund Freud (geboren 1856, gestorben 1939), Begründer der Psychoanalyse, lehrte und praktizierte als Arzt, Therapeut und Gelehrter lange Jahre in Wien, bis er nach der Machtübernahme und dem Einmarsch der Nationalsozialisten in Österreich nach London emigrierte.

Freud veröffentlichte 1917 eine kurze Schrift mit dem Titel »*Trauer und Melancholie*«, in der er sich mit dem Zusammenhang von Trauerprozessen und Depression auseinandersetzte. Weil die meisten nachfolgenden Forschungsarbeiten sich in irgendeiner Weise auf die Erkenntnisse und das psychologische Verständnis von Trauer beziehen, das Freud in dieser Schrift skizziert hat, werden die Grundgedanken hier wiedergegeben.

Freud definiert Trauer folgendermaßen: »*Trauer ist regelmäßig die Reaktion auf den Verlust einer geliebten Person oder einer an ihre Stelle gerückten Abstraktion wie Vaterland, Freiheit, ein Ideal usw.*« (aaO., S. 197) In diesem Zusammenhang wurde auch der Begriff der »Trauerarbeit« von *Freud* geprägt. Als psychische Arbeit wird dabei die Loslösung von der geliebten Person oder der Abstraktion, um die es jeweils geht, verstanden.

In seiner Schrift beschäftigt sich Freud stärker mit der fehlgeleiteten, krankmachenden, nicht geglückten Trauerreaktion: mit dem Zustand der »Melancholie« oder Depression.

»*Die Melancholie ist seelisch ausgezeichnet durch eine tief schmerzliche Verstimmung, eine Aufhebung des Interesses für die Außenwelt, durch den Verlust der Liebesfähigkeit, durch die Hemmung jeder Leistung und die Herabsetzung des Selbstwertgefühls, die sich in Selbstvorwürfen und Selbstbeschimpfungen äußert und bis zur wahnhaften Erwartung von Strafe steigert.*« (aaO., S. 198)

Freud spricht von einer »großartigen Ichverarmung«. Im Unterschied zur Trauer ist das Ichgefühl sehr stark herabgesetzt, es scheint zu bröckeln. Während im Zustand der Trauer die Welt arm und leer geworden ist, ist es im Zustand der Melancholie als einer Art »Dauertrauer« das Ich selbst. Symptomatisch ist weiterhin ein »Kleinheitswahn« (kein Vertrauen in die eigenen Kräfte und Fähigkeiten), verbunden mit Schlaflosigkeit, Appetitlosigkeit und Lebensunlust.

Freud deutet diese Symptomatik als Folgeerscheinungen einer inneren, anstrengenden und Kraft zehrenden Arbeit, die dem Trauerprozess vergleichbar ist und das Ich aufzuzehren droht. Die oft zu beobachtenden Selbstvorwürfe müssen dabei nach *Freud* als Vorwürfe gegen ein Liebesobjekt verstanden werden, die von diesem auf das eigene Ich hin verschoben sind. Der ursprüngliche Objektverlust, den es in der Trauer zu bewältigen gilt, hat sich bei der Depression in einen Ichverlust verwandelt. Der Konflikt zwischen dem Ich und der geliebten Person ist zu einem inneren Zwiespalt geworden. Diesen inneren Dauerkonflikt beschreibt *Freud* so: »*Es spinnt sich also bei der Melancholie eine Unzahl von Einzelkämpfen um das Objekt an, in denen Hass und Liebe miteinander ringen, die eine, um die Libido vom Objekt zu lösen, die andere, um diese Libidoposition gegen den Ansturm zu behaupten.*« (aaO., S. 210)

Der Konflikt im Ich, den die Melancholie für den Kampf um das Objekt eintauscht, muss ähnlich wie eine schmerzhafte Wunde wirken, die eine außerordentlich hohe Gegenbesetzung in Anspruch nimmt. Von außen betrachtet zeigt sich die Depressive so interesslos, unfähig zur Liebe und zur Leistung, wie sie sich selbst fühlt und worüber sie unaufhörlich klagt. Die Person scheint in sich versunken, zusammen gesunken, an einer Bürde zu tragen, die bis an die Grenzen der Kräfte geht und darüber hinaus. Sie leidet an einem inneren Zwiespalt, befindet sich in einem anhaltenden Konflikt, Teil-Ich

Trauern als psychische Arbeit

Definition Freud

Melancholie: fehlgeleitete Trauerreaktion

17

gegen Teil-Ich. Handlungs- und Entscheidungsfähigkeit sind stark eingeschränkt und jeglicher Antrieb gelähmt. Der innere Prozess ist eine psychische Arbeit, die nicht abzuschließen und zu bewältigen ist. Er überdeckt die Realitätswahrnehmung. Reize und Umwelteinflüsse kommen nicht mehr bis zum verarmten Ich durch.

Im Unterschied zur Trauer (das Objekt ist verloren; die Welt erscheint während der Lösung des Ichs vom Objekt leer) geht die Depression also mit einem eklatanten Verlust des Selbstwertgefühls (Ichverarmung) einher. *Freud* erklärt dies durch den Prozess der Identifizierung mit dem verlorenen Liebesobjekt. Der Verlust wird geleugnet. Anstelle der schrittweisen Realisierung des Verlustes entsteht ein Dauerkonflikt im Ich, der dieses schwächt und verarmen lässt. Ursprüngliche Anklagen gegen ein Liebesobjekt werden zu Klagen und Selbstanklagen. Das Ich tritt zu sich selbst wie zu einem Objekt in Beziehung, verfolgt sich mit Hass und Aggression bis hin zu Selbsttötungsabsichten. Die ursprünglich nach außen, gegen ein Objekt gerichtete Wut wird verinnerlicht und gegen einen Teil des Ichs gewendet.

Trotz des von *Freud* herausgestellten und für bedeutsam erachteten Unterschieds zwischen Trauer und Depression, sind beide Zustände eng miteinander verwandt, was die Symptomatik und das zu beobachtende Erscheinungsbild anbelangt.

Das Selbstwertgefühl einer Person, die trauert, mag intakt und nicht herabgesetzt sein, der psychische Prozess der Ablösung von einem Liebesobjekt ist ähnlich schmerzhaft und anstrengend wie ein innerer Dauerkonflikt. Er erfordert Trauerarbeit und beansprucht alle verfügbaren Kräfte. Das Ich hat Schwierigkeiten, sich an die veränderte Realität anzupassen, sprich: den Verlust des Objekts zu realisieren. Appetitlosigkeit, Schlaflosigkeit, Trübsinn, Müdigkeit und Lebensunlust

können vorübergehend ebenso auftreten, als handele es sich um eine Depression.

Der Verlust einer geliebten Person ist schmerzhaft und erfordert eine psychische Anpassung an die neue Realität. Trauern kann nach *Freud* als psychische Arbeit verstanden werden, die schrittweise in einem längeren Prozess erfolgt, aber im Gegensatz zur Melancholie abgeschlossen wird, wenn die Loslösung erfolgt und ein neuer Weltbezug als Eingehen neuer Bindungen und Beziehungen erreicht ist.

Wenn Trauer nicht gelebt, sondern fehlgeleitet, chronifiziert oder verdrängt wird, können daraus Depressionen und andere psychische Störungen entstehen. Gefühle und Ausdrucksformen der Trauer an sich sind nicht pathologisch und behandlungsbedürftig, vielmehr als Umgang mit einschneidenden Verlusterlebnissen notwendig und sinnvoll.

Für Trauernde erscheint die ganze Welt vorübergehend nichtig und leer, weil jemand bzw. etwas Entscheidendes darin fehlt, verloren ist. Wenn Abschied und Trauerprozess glücken, wird die – veränderte – Welt am Ende wieder gewonnen und neue Objektbindungen werden möglich.

1.3 John Bowlby: Verlust, Trauer und Depression

John Bowlby (geboren 1907 in Großbritannien) hat von 1946 bis 1972 als beratender Psychiater an der Travistock-Klinik und am »*Travistock Institute of Human Relations*« in London gearbeitet. In beiden Institutionen war er in Forschung und Lehre, insbesondere zu den Themen »Bindung« und »Trennung«, tätig. Seine umfassende Publikation »*Loss, Sadness and Depression*«, als dritter Band einer Reihe zu menschlichem Bindungs- und Trennungsverhalten, erschien 1980 in englischer und 1983 in deutscher Sprache (Verlust, Trauer und Depression).

Marginalien:

Depression: Verlust des Selbstwertgefühls

innerer Dauerkonflikt

Ablösung

Bowlby bezieht sich als Psychiater zum Teil, neben empirischer Verhaltensforschung und Grundlagen der Informationsverarbeitung, auf psychoanalytische Vorarbeiten und Hintergründe. Er hat zum Verständnis von Trauer aber einen eigenen, erweiterten Ansatz beigetragen, der innerhalb der Psychologie allgemein als »Bindungstheorie« bekannt geworden ist. Nach *Bowlby* hat Bindungsverhalten Überlebenswert. Es entsteht beim Kleinkind aus einem Schutz- und Sicherheitsbedürfnis heraus und ist vom Ess- und Sexualverhalten als eigenständiges Bedürfnis abzugrenzen. Der Verlust einer geliebten Person bzw. die Auflösung einer zentralen intimen Bindung stellt demnach höchste Anforderungen an die Psyche und ist vergleichbar mit einer schweren Verletzung auf physiologischer Ebene. *Bowlby* geht auf Grund verschiedener Untersuchungen und Studien davon aus, dass auch Kleinkinder ab etwa sechzehn Monaten bereits Verluste empfinden und trauern. Er verweist auf Ähnlichkeiten zwischen den Reaktionen von Kindern, die von ihrer Mutterfigur getrennt werden, mit denen Erwachsener, die um eine von ihnen geliebte Person trauern.

Wie bereits *Freud* auf die enge Verbindung von Trauer und Depression hinwies, wird auch bei *Bowlby* auf den Zusammenhang von Verlust, Trauer und psychiatrischen Krankheitsbildern hingewiesen. »*Die klinische Erfahrung und die Lektüre des Beweismaterials lassen kaum Zweifel an der Wahrheit der Hauptthese, dass ein Großteil der psychiatrischen Erkrankungen ein Ausdruck pathologischen Trauerns ist oder dass diese Krankheiten viele Fälle von Angstzuständen, Depression, Hysterie und auch mehr als eine Art Charakterstörung umfassen.*« (aaO., S. 38) Im Hinblick auf geglückte oder gesunde Trauerprozesse fasst er zusammen: »*Alle, die das Wesen der Prozesse, die an gesunder Trauer beteiligt sind, erörtert haben, sind übereinstimmend der Meinung, dass sie un-*

ter anderem und zumindest zu einem gewissen Grad einen Rückzug der emotionalen Zuwendung an die verlorene Person bewirken und dass sie darauf vorbereiten können, eine Beziehung zu einer neuen Person anzuknüpfen.« (aaO., S. 41)

Bowlby hat aber auch darauf hingewiesen, dass oft unterschätzt wird, wie belastend und beeinträchtigend ein Verlust sein kann: Dabei werden immer wieder die lange Dauer des Kummers, die Schwierigkeiten, mit denen sich jemand von seinen Nachwirkungen erholt und die nachteiligen Folgen für die weitere Entwicklung der Persönlichkeit, die ein Verlust häufig mit sich bringt, hervorgehoben.

Verlust = Verletzung

1.4 J. William Worden: Beratung und Therapie in Trauerfällen

Wie *Bowlby* weist auch *Worden* auf den engen Zusammenhang von psychiatrischen Krankheiten und Kummerreaktion bzw. Krankheitsbildern als Ausdruck pathologischen Trauerns hin.

Worden hat als Trauerberater seit 1968 in den USA verschiedene Forschungs- und Hinterbliebenenberatungsprojekte begleitet. Das hier in Auszügen vorgestellte Handbuch zur Trauerberatung erschien 1982 in den USA (»Grief Counceling and Grief Therapy«) und wurde 1986 unter dem oben genannten Titel in Deutschland veröffentlicht.

Bezugnehmend auf Bowlby geht auch Worden davon aus, dass intime Bindungen einen zentralen Stellenwert im menschlichen Leben einnehmen. Insofern ist Trauern bei Verlust einer solchen Bindung notwendig.

Trauern: Bindungsverlust

Nach einem Verlust müssen bestimmte Traueraufgaben vollzogen werden:

- den Verlust als Realität akzeptieren,
- den Trauerschmerz erfahren,
- sich anpassen an eine Umwelt, in der die / der Verstorbene fehlt,
- emotionale Energie abziehen und in eine andere Beziehung investieren.

Traueraufgaben

Mögliche Komplikationen

Jede dieser Entwicklungsaufgaben stellt eine Hürde dar, mit der auch Scheitern oder vorübergehender Stillstand möglich ist. Solange der Verlust nicht als Realität akzeptiert werden kann, lassen sich aktives Suchverhalten nach dem Verstorbenen, Nicht-Wahrhaben-Wollen des Todes und Verhaltensweisen von Verleugnung und Verdrängung beobachten.

Solange der Trauerschmerz nicht erfahren wird, herrscht Flucht in die Empfindungslosigkeit. Anstatt einer Anpassung an die neue Realität, kann es auch zu bleibendem Rückzug, zum Ausweichen und Verweigern neuer Umweltanforderungen kommen. Und anstatt Liebes- und Beziehungsfähigkeit wiederzugewinnen, kann man auch an alten, verlorenen Bindungen festhalten, darin verstrickt bleiben und zur Aufnahme neuer Beziehungen nicht mehr in der Lage sein.

Bindungsfaktoren: wie jemand trauert

Wie die Trauer sich bei verschiedenen Menschen äußert, ob sie normal oder gestört verläuft, ob sie abgeschlossen werden kann oder chronisch wird und dann möglicherweise eine Depression entsteht, hängt von verschiedenen Faktoren ab:

- vom Charakter der Bindung des Hinterbliebenen zum Verstorbenen,
- von der Art und Weise des Todes,
- und von den früheren Einflüssen und Erfahrungen, die jemand mit Schmerz, Verlust und Trauer schon gesammelt hat.

Außerdem spielen persönliche, soziale, ethnische und religiöse Hintergründe eine Rolle, wie jemand trauert.

Modelle zum Prozess des Trauerns

Der Prozess des Trauerns kann in unterschiedlichen Modellen beschrieben werden. Häufig wird von Stufen und/oder Phasen gesprochen. *Worden* bevorzugt das Konzept der Traueraufgaben, da damit im Gegensatz zu den erstgenannten Modellen die Aktivität der Trauernden betont wird.

Worden unterscheidet zwischen Hinterbliebenenberatung und Hinterbliebenentherapie.

Im Rahmen von Beratung soll unkompliziertes Trauern erleichtert und unterstützt werden. Die möglichen Ziele werden dabei folgendermaßen festgelegt:

- die Realität des Verlustes verstärken bzw. deutlich hervortreten lassen,
- Affekte, Emotionen und Gefühle ausdrücken und damit umgehen können,
- Hilfen bei der Neuanpassung an die Realität geben, Unterstützung beim Überwinden von Hindernissen,
- Ablösung von dem Verstorbenen unterstützen und zur Aufnahme neuer Beziehungen ermutigen.

Dazu im einzelnen: Die Begleitenden können Trauernde dazu ermuntern, über den Verlust zu sprechen, aktiv zuhören, da sein, sich auseinandersetzen, um so die Realität des Verlustes für Trauernde deutlich hervortreten zu lassen.

Weiter kann Unterstützung angeboten werden, um unterschiedliche Gefühle wie Zorn, Schuld, Ambivalenz, Angst, Hilflosigkeit, Befreiung und Traurigkeit zu identifizieren und auszudrücken.

Neben dem Ausdruck von Gefühlslagen geht es aber auch ganz praktisch um die Unterstützung beim Weiterleben ohne den Verstorbenen, bei der Neuanpassung an die sozial veränderte Situation. Eventuell müssen neue Fähigkeiten von den Hinterbliebenen erworben werden, um ihren Lebensunterhalt zu sichern und den Alltag zu gestalten. Dabei sollten sie unterstützt und gefördert werden.

Die Begleitenden können vorsichtig dazu ermutigen, sich vom Verstorbenen emotional abzulösen und neue Beziehungen anbahnen helfen, die einem sozialen Rückzug vorbeugen.

Dabei liegt jedoch die Betonung auf »vorsichtig«, denn allzu rasche Versuche, den Verlust vergessen zu machen und »Ersatz« für einen verlorenen Menschen zu suchen, bevor man sich vom Verstorbenen verabschiedet und wirklich gelöst hat, sind oft wenig hilfreich.

Trauern braucht Zeit. Das sollten sich Trauernde und Begleitende immer wieder vor Augen halten. Kritische Punkte und Phasen wie Feiertage, Geburtstage und Todestage sollten als mögliche Krisen beachtet und entsprechend gestaltet werden. Für Trauernde kann es außerdem hilfreich und beruhigend sein, wenn ihr Verhalten, dass ihnen häufig selbst große Sorgen macht und sich bis zu der Angst, verrückt zu werden, steigern kann, von anderen als für die Trauersituation »normal« interpretiert wird. Bei jeder Begleitung sind die individuellen Unterschiede während des Trauerns zu berücksichtigen. Für die Beratung allgemein nennt *Worden* vier wichtige Aspekte:

- kontinuierlichen Beistand leisten,
- Abwehrverhalten und Bewältigungsstile beobachten und untersuchen,
- komplizierte oder gestörte Trauer als solche identifizieren und für entsprechende Überweisung sorgen,
- Rituale der Trauerfeier als Trauerhilfe erkennen und nutzen.

Im Anschluss an die Beschreibung unkomplizierter Trauerprozesse, befasst *Worden* sich mit komplizierten Trauerverläufen, die mehr als eine einfache Beratung und Begleitung nötig machen.
Die häufigste Beziehungsform, die angemessenes Trauern verhindert, ist die hochambivalente oder hochnarzisstische Beziehung, bei der nach *Freud* der Andere als Teil des Ichs erlebt wird (siehe Kap. 1.2).
Komplizierte Trauerreaktionen unterscheidet *Worden* in:

- chronische Trauerreaktionen,
- verzögerte Trauerreaktionen,
- übertriebene Trauerreaktionen,
- lavierte Trauerreaktionen.

Darauf soll im Einzelnen an dieser Stelle nicht näher eingegangen werden, wie auch nicht auf die Einzelheiten von Hinterbliebenentherapie, die von Worden

ausführlich in einem Kapitel seines Buches behandelt und dargestellt sind.
Abschließend sei noch ein Hinweis auf die Trauer bei speziellen Arten von Verlusten gestattet. Durch die Untersuchungen von *Parkes* in den siebziger Jahren wurde festgestellt, dass plötzliche Todesfälle wie Herzversagen, Unfälle, Selbsttötungen und Morde schwerer zu betrauern und zu verarbeiten sind als Todesfälle, denen eine Vorwarnung bzw. eine Krankheit und Vorbereitungszeit vorausgingen. Häufig entsteht im Zusammenhang eines plötzlichen Todesfalles ein Bedürfnis nach Schuldzuweisung. Weiterhin spielen Wut und unerledigte Angelegenheiten eine bedeutende Rolle, welche die Trauer erschweren können.
Zu bedeutsamen Verlusten in der Kindheit äußert sich *Worden* wie folgt:
»*Trauer um einen Verlust in der Kindheit kann an vielen Punkten im Leben des Erwachsenen wiederaufleben, wenn sie bei wichtigen Lebensereignissen reaktiviert wird, zum Beispiel, wenn das Kind das Alter erreicht, in dem der Elternteil verstarb. Die Reaktivierung dieser Trauer muss kein Anzeichen für etwas Krankhaftes sein; sie ist einfach ein weiteres Beispiel für ‚Durcharbeiten‘.*« (aaO., S. 130)

1.5 Verena Kast: Trauern / Sich einlassen und loslassen

Verena Kast (geboren 1943), ist Psychotherapeutin in St. Gallen und Dozentin am C.G. Jung Institut in Zürich sowie an der Zürcher Universität. Ihre Habilitationsschrift hatte das Thema »*Die Bedeutung der Trauer im therapeutischen Prozess*«, daraus ging später (1982) die Publikation »*Trauern – Phasen und Chancen des psychischen Prozesses*« hervor, die inzwischen neu aufgelegt wurde. Außerdem sind weitere Veröffentlichungen zur Trauerthematik und anderen psychologischen Themen wie Beziehungsproblemen erschienen, darunter »Sich einlassen und

Trauern braucht Zeit

Trauernde unterstützen

Komplizierte Trauerverläufe

21

loslassen – neue Lebensmöglichkeiten bei Trauer und Trennung« (1994).

Verena Kast ist Vizepräsidentin der Internationalen Gesellschaft für Analytische Psychologie und Vorsitzende der Internationalen Gesellschaft für Tiefenpsychologie.

Trauer und Depression

Kast betont wie andere Trauerforscher den engen Zusammenhang von fehlgeleiteter oder unbewältigter Trauer und der Entstehung von Depressionen. Als Jungianerin und Tiefenpsychologin verweist sie außerdem auf die Bedeutsamkeit von Träumen als Wegweiser und Orientierung, auch Einstieg in die Trauerarbeit.

Träume als Wegweiser

Sie sieht Trauer als die zentrale Emotion, durch die wir Abschied nehmen, Probleme einer zerbrochenen oder verlorenen Beziehung aufarbeiten und dabei so viel wie möglich von der Beziehung und von den Eigenheiten der verlorenen Person integrieren können, so dass wir mit neuem Selbst- und Weltverständnis weiter zu leben vermögen.

Das Leben verlangt immer wieder die Fähigkeit, sich zu binden und sich dann wieder trennen zu können.

Trauern in Phasen

Ein Abschnitt der Trauer besteht darin, den Verstorbenen aktiv zu suchen, sich mit dem gelebten Leben zu beschäftigen und auseinanderzusetzen, um Teilaspekte in die eigene Persönlichkeit aufzunehmen, zu integrieren und im Idealfall dann zu einem neuen Weltbezug zu gelangen.

Der Tod eines nahen Menschen stellt den größtmöglichen Stress dar. Wenn dieser von den Hinterbliebenen im Verlauf der Trauer so gebändigt wird, dass sie weder daran zerbrechen noch durch Wegstecken und Verdrängen in depressive Zustände geraten, sieht Verena Kast Trauer in ihrer gelungenen Form auch als eine Möglichkeit zur Selbstverwirklichung.

Wandlung

Der Tod zwingt sozusagen zur Wandlung, zur Entgrenzung des Ichs in der Begrenztheit des Lebens. Sie beschreibt den Trauerprozess in verschiedenen Phasen, ähnlich und in Anlehnung an *Elisabeth Kübler-Ross*, die den Sterbeprozess phasenhaft dargestellt hat.

- Phase des Nicht-Wahrhaben-Wollens: Der Tod bricht wie ein Schock in die Realität ein.
- Phase der aufbrechenden Emotionen: Gefühle werden wach und drohen die Person zu überfluten.
- Phase des Suchens und Sich-Trennens: Die aktive Suche nach dem verlorenen Menschen und der Abschied von ihm wird vollzogen. Die Auseinandersetzung mit dem gelebten Leben findet statt.
- Phase des neuen Selbst- und Weltbezugs: Der Verlust ist akzeptiert. Der Verstorbene ist zu einem inneren Bild geworden.

Das Phasenmodell soll nicht dazu dienen, der Schematisierung von Trauerverläufen Vorschub zu leisten, sondern mögliche Reaktionen auf Verlusterfahrungen aufzeigen und einen Orientierungsrahmen bieten.

Die Grenzen der einzelnen Phasen sind fließend. Es können einzelne Schritte ausgelassen und bestimmte Phasen können mehrmals durchlebt werden. Auch Stagnation ist möglich. Außerdem können in jeder Phase bestimmte Probleme oder Komplikationen auftreten, mit der die Bewältigung der jeweiligen Anforderung umgangen oder aufgeschoben wird. Dazu gehören während der ersten Phase:

- Realitätsleugnung,
- Flucht in Geschäftigkeit und Aktivitäten oder Betäubung. Viel später können Leeregefühle entstehen, deren Ursprung dann verschüttet scheint. Während der Zeit der aufbrechenden Emotionen (Empfinden von Schmerz, Zorn, Wut, Angst, Schuld) können sich ergeben
- chronisches Trauern,
- unausgedrückter Zorn gegenüber Verstorbenen,

- vorweggenommene Trauer, insbesondere bei langwierigen schweren Krankheiten,
- quälende Schuldgefühle.

Und während der Phase des Suchens und Sich-Trennens sind Komplikationen möglich wie:

- Verharren in Symbiosewünschen,
- Rückzug von der Welt, innere Erstarrung, Ichverlust,
- Suizidgefahr, Selbstzerstörung statt Abschied und Trennung.

Die vierte Phase, das Ende der Trauer, kann nach *Kast* nur erreicht werden, wenn die Symbiose oder Symbiosewünsche nicht einfach vermieden werden, sondern wenn versucht wird, sie optimal zu leben. Unter »optimaler Symbiose« wird verstanden, dass ein Mensch Verschmelzungserlebnisse haben kann, aus denen er gestärkt hervorgeht, so dass er mit neuen Verhaltensmöglichkeiten und einem neuen Selbsterleben sich den wechselnden Anforderungen des Lebens wieder stellen kann.

»Es wäre also unbedingt notwendig, dass wir jene optimale Symbiose finden könnten, die uns wirklich eine Ausweitung unserer Person und damit eine Steigerung unserer Lebendigkeit erlaubt und nicht die Einengung bewirkt, wie sie in vielen symbiotischen Situationen durch Anpassung erzwungen wird.« (aaO., S. 138)

»Gute« Trauer oder die Fähigkeit zu trauern als Sich-Verabschieden-und-Sich-Trennen-Können, ohne daran zu zerbrechen, würde demnach zum Wachsen der Persönlichkeit beitragen. *»Entscheidend scheint mir die Erfahrung in der Trauerarbeit, dass wir Trennungen nicht nur ertragen können, sondern dass sie durch die Trauer hindurch dazu führen, uns selbst wieder neu zu erleben, auch mit neuen Wertungen: als Menschen, die auch durch Trennungen nicht zerbrechen, die innerlich doch immer wieder getragen sind, die, gerade als*

Erschütterte, sich auf das Wesentliche zurückbesinnen.« (aaO., S. 153 f.)

Der Trauerprozess ist in diesem Sinne beendet, wenn eine Person sich aus ihrer Bindung an den Toten lösen und weitergehen kann, wenn sie sich nicht mehr als Opfer des Lebens, sondern als GestalterIn des Lebens sehen und erleben und wieder Freude, Leidenschaft und Lebendigkeit empfinden kann. Im Bild von Feuer und Asche gesprochen: wie Phönix aus der Asche.

Fazit

- Trauer als psychisches Geschehen ist vergleichbar mit schweren körperlichen Verletzungen.
- Die Bearbeitung der Trauer stellt die Betroffenen vor anstrengende Aufgaben, so dass von Trauerarbeit gesprochen werden kann.
- Wird diese Trauerarbeit geleistet, geraten die Trauernden immer wieder in unterschiedliche Gefühlslagen. Diese können als Phasen bezeichnet werden.
- Für die Tätigkeit in der Altenpflege ist es wichtig zu wissen und wahrzunehmen, wenn sich jemand im Trauerprozess befindet. Dies bezieht sich sowohl auf die Trauer anderer Menschen als auch auf das eigene Trauererleben.
- Die Begleitung und Unterstützung anderer äußert sich im Da-Sein, Zur-Seite-Stehen und Mit-Aushalten. Manchem mag das zu wenig und zu passiv erscheinen, für die Trauernden ist es aber genau das, was ihren Bedürfnissen entspricht.
- Weiterhin gilt es, komplizierte oder pathologische Trauerverläufe zu erkennen und an entsprechend ausgebildete Berufsgruppen wie TrauerbegleiterInnen, PsychologInnen, ÄrztInnen etc. zu überweisen. Denn solche Trauerprozesse im Rahmen

der Pflegetätigkeit unterstützen zu wollen, mündet in eine Überforderung, die letztlich in Richtung Burnout führt.

- Im Hinblick auf das eigene Trauererleben geht es zusätzlich darum, die Grenzen der eigenen Belastbarkeit zu erkennen und dementsprechend zu handeln. Das bedeutet zunächst, zwischen fremder und eigener Trauer klar unterscheiden zu lernen. Außerdem ist es notwendig, sich die oft nicht klar benannten Trauersituationen in ihrer unterschwelligen Wirkung bewusst zu machen. Um gesund und arbeitsfähig zu bleiben, sollte man angesichts starker Beanspruchung in der Freizeit für gezielten Ausgleich sorgen.

Übungen zur Selbsterfahrung und Reflexion

Für die Einzelarbeit:

1. Schreiben Sie alle einschneidenden Verluste durch Todesfälle in Ihrem Leben auf, an die Sie sich erinnern (Person, Name, Jahr). Notieren Sie auch Ihr eigenes Alter zum jeweiligen Zeitpunkt.
2. Wählen Sie ein Verlusterlebnis aus und denken Sie einige Minuten darüber nach. Erinnern Sie sich noch daran, welche Gefühle Sie damals bewegten und wie Sie auf den Verlust reagiert haben?
3. Wer oder was hat Ihnen bei der Bewältigung dieses Verlustes geholfen?
4. Woran können Sie erkennen, dass Sie Ihre Trauer verarbeitet haben?

5. *Sigmund Freud* prägte den Begriff der »Trauerarbeit«. Was verstehen Sie darunter?

Für die Gruppenarbeit:

1. *Worden* formuliert Aufgaben, die sich einem Trauernden stellen. Worin sieht er diese Traueraufgaben? Wie kann angesichts dieser Aufgabenstellung sinnvolle Unterstützung aussehen? Diskutieren Sie, inwiefern diese Unterstützung in Ihrem Pflegealltag zu leisten ist.
2. In der Forschung wurden Trauerphasen analog den Sterbephasen formuliert. Diskutieren Sie, inwieweit Phasenmodelle nützlich und wo sie hinderlich sind.
3. Nach Kast ermöglicht die Fähigkeit zu trauern auch das Wachsen der Persönlichkeit.
   Wie beurteilen Sie diese These im Hinblick auf die Trauer alter Menschen?

Verwendete Literatur

Freud, S.: Trauer und Melancholie (1917/1915), in: ders., Studienausgabe, Frankfurt a. M. 1975, Bd. III, »Psychologie des Unbewußten«. [8]1997, (S. 193–212).

Bowlby, J.: Verlust, Trauer und Depression. Frankfurt a. M. 1987.

Worden, J. W.: Beratung und Therapie in Trauerfällen. Bern u. a. 1986.

Kast, V.: Trauern, Phasen und Chancen des psychischen Prozesses. Stuttgart 1982.

Kast, V.: Sich einlassen und loslassen, Neue Lebensmöglichkeiten bei Trauer und Trennung. Freiburg i. Br. 1994.

2. Unterstützung trauernder Menschen in Deutschland

2.1 Trauer: Tabu und Thema

Wenn man in eine gut sortierte Buchhandlung geht oder sich eine Medien- und Materialliste zum Thema »Trauer und Trauerbegleitung« zusammenstellen lässt, dann wird man eine ganze Reihe aktueller Literatur, Filme, Ausstellungskataloge und weiterer Materialien finden. In den letzten Jahren und Jahrzehnten sind in der Folge insbesondere der Forschungen und Publikationen von *Elisabeth Kübler-Ross* eine Vielzahl von Titeln und Texten entstanden, die sich mit der Beschreibung, Bearbeitung und Bewältigung von Trauer befassen, oft auch im Zusammenhang mit Sterben und Sterbebegleitung.

Auf der Ebene von darstellender, theoretischer Auseinandersetzung kann geradezu von einem boomenden Themenkomplex gesprochen werden. Dazu gehören auch immer wieder neue und aktuelle Ratgeber sowie Erfahrungsberichte, in denen persönliche Geschichten der Betroffenheit von schweren Verlusten, Krankheiten, Unfällen etc. und von dem Umgang mit Trauergefühlen geschildert werden. Dies betrifft verschiedene Gruppen wie Kinder / Jugendliche, Erwachsene, Krebskranke, Aidskranke, Unfallopfer, Gewaltopfer usw.

Auch im Hinblick auf beratende und begleitende Einrichtungen, Gruppen und Selbsthilfeorganisationen gibt es in Deutschland mittlerweile einige Anlaufstellen und Möglichkeiten, wo Trauernde und Hinterbliebene Unterstützung und Hilfe finden können.

Im nun folgenden Kapitel soll ein Überblick gegeben werden, der es Altenpflegerinnen im Rahmen ihrer Pflege- und Beratungstätigkeit mit pflegebedürftigen alten Menschen und ihren Angehörigen ermöglicht, auf bestehende Einrichtungen und Hilfeformen hinzuweisen. Außerdem werden grundlegende Informationen der psychosozialen Versorgungslandschaft vermittelt, die es ermöglichen sollen, eigenständig weitere und vertiefende Informationen im Hinblick auf Trauerbegleitung und -beratung bei den entsprechenden Stellen beschaffen zu können.

Informationen

In der Altenpflegepraxis herrschen, im Gegensatz zum Literaturboom, oft weiter Unsicherheit, Sprach- und Hilflosigkeit im Umgang mit Trauer vor. Das Thema ist hier also eher noch ein Tabu geblieben. Aus diesem Grunde geht es zunächst darum, die Hintergründe dafür aus verschiedenen Perspektiven zu beleuchten.

Unsicherheit in der Altenpflegepraxis

Das gerade in Deutschland trotz aller Veröffentlichungen für viele immer noch »heiße Eisen« und schwierige Thema Trauer bedarf einer praktischen und für das Alltagshandeln relevanten Auseinandersetzung.

Dabei ist wiederholend darauf hinzuweisen, dass Trauer als Reaktion auf schmerzliche Verlusterfahrungen ein natürlicher, allgemein menschlicher und gesunder Prozess ist, weder krankhaft noch behandlungsbedürftig. Das heißt mit anderen Worten, dass jede Trauer kennt und erlebt und auch die Fähigkeit mitbringt, Trauer zu durchleben und zu »bewältigen« sowie anderen in ihrer Trauer beizustehen und sie in diesem Prozess zu begleiten.

Fähigkeit zu trauern

Dafür ist außer Intuition und Mitgefühl und der Bereitschaft, in schwierigen Situationen anwesend und ansprechbar zu bleiben, nicht unbedingt eine spezielle Anleitung, professionelle Schulung und langwieriges Literaturstudium notwendig. Letzteres kann aber zum besseren Verständnis und zu größerer Sicherheit beitragen, wo wir durch direkte Konfrontationen mit Trauer und Trauernden in erster Linie verunsichert werden und über wenig stärkende eigene Erfahrungen verfügen.

Wir wünschen uns, dass sich die Kluft, die sich zwischen Theorie und Praxis, Wissen und Handeln so oft, und auch im Umgang mit Trauer, vor uns auftut, durch die offene Auseinandersetzung verringern oder gar überbrücken lässt, damit Trauer gelebt werden kann und nicht verdrängt wird.

Bevor eingehender auf die gegenwärtige Situation und psychosoziale Landschaft im Zusammenhang mit Trauer eingegangen wird, soll zuerst ein Blick auf die Vergangenheit und die Traditionen und Besonderheiten der Trauerbegleitung in Deutschland geworfen werden.

Die alten Bundesländer stehen dabei im Vordergrund. Durch die unterschiedliche Geschichte seit Ende des Zweiten Weltkrieges haben zum Beispiel der Einfluss und die Bedeutung der christlichen Kirchen in beiden Teilen Deutschlands eine unterschiedliche Rolle gespielt. Die DDR-Wirklichkeit nach sozialistischer Prägung findet in dieser Darstellung keine Berücksichtigung.

Für die alten Bundesländer sehen wir traditionelle Einflussgrößen der Trauerbegleitung in der christlichen Religion (geistlicher Beistand), in der Familie (praktische Unterstützung und Trost von Angehörigen und Verwandten) und im medizinisch-psychosozialen Umfeld (zum Beispiel Rolle des Hausarztes).

Die beiden ersten haben in ihrer Bedeutung heute eher abgenommen, während das Gewicht des dritten Bereichs zugenommen hat. Dieser Bereich wird, je mehr Traditionen im Zuge der Individualisierung und Globalisierung innerhalb der Gesellschaft wegbrechen, in seiner Bedeutung wohl noch weiter wachsen.

Im Anschluss an die Auseinandersetzung mit traditionell christlich-religiösen und familiären Formen der Trauerbegleitung wird also der medizinisch-psychosoziale Bereich in einem Extrapunkt dargestellt. Für die Situation in Deutschland ist außerdem auf die Nachwirkungen zweier Weltkriege und die nationalsozialistische Ideologie hinzuweisen, die auf Vernichtung und Ausrottung sogenannten »lebensunwerten« (insbesondere jüdischen) Lebens aus war.

Das Psychoanalytikerpaar *Margarete* und *Alexander Mitscherlich* hat die psychische Konstitution der Nachkriegszeit für die Mehrheit der Deutschen als »Unfähigkeit zu trauern« beschrieben.

Die Trauer angesichts der unglaublichen Ausmaße der Massenvernichtung menschlichen Lebens, der Zerstörungen und Verluste wurde im Rahmen von Wiederaufbau, Wirtschaftswachstum und Fortschrittsoptimismus in weiten Teilen der Gesellschaft zunächst verdrängt.

Die Tabuisierung von Sterben, Tod und Trauer und einer persönlichen Auseinandersetzung mit Kriegs-, Gewalt- und Verlusterfahrungen ist in Deutschland bis in die Gegenwart immer auch vor dem Hintergrund der besonderen Geschichte mit allen damit verbundenen Fragen der Schuld und Verantwortung zu sehen. Für die Einzelnen wird dadurch die Frage nach der Trauer über den persönlichen Bereich hinaus aufgeworfen.

Um die Verantwortung für das Handeln in Gegenwart und Zukunft übernehmen zu können, ist es notwendig, im Hinblick auf die Vergangenheit Trauer nicht zu verdrängen, sondern zuzulassen. Mit *Mitscherlich* könnte man sagen, dass es sowohl bezogen auf das Leben der einzelnen Menschen wie auf die Entwicklung der gesamten deutschen Gesellschaft besonders darauf ankommt, die Fähigkeit zu trauern stärker zu entwickeln.

Dass Forschungen, Literatur und Projekte zur psychosozialen Unterstützung

offene Auseinandersetzung mit Trauer

Traditionen der Trauerbegleitung

von Hinterbliebenen, aber auch von Schwerkranken und Sterbenden, in angelsächsischen Ländern weiter verbreitet und bekannter sind als in Deutschland (wo beispielsweise im Zusammenhang mit Schmerztherapie vom Stand eines Entwicklungslandes gesprochen werden kann), wundert in diesem Zusamenhang nicht sehr.

Bei vielen Älteren herrscht im Umgang mit eigenen und fremden Gefühlen die Haltung von Verdrängung und Verleugnung vor, die ein Erleben und Durchleben von Trauer verhindert. Aber auch jüngere Deutsche sind von solchen Haltungen ihrer Großeltern und zum Teil ihrer Eltern geprägt, die das Eingestehen von Schwächen und Fehlern, aber auch generell den Ausdruck starker Emotionen eher verurteilt oder verdrängt als akzeptiert. In einer solchen Haltung äußert sich immer eine unterschwellige oder direkte Härte und maskenhafte Erstarrung, die in repressiven Verhaltensrichtlinien oder Redewendungen wie *»Jungen und Männer weinen nicht«*, *»Schmerzen muss man aushalten«*, *»Augen zu und durch«*, *»Was uns nicht umbringt, macht uns harter«*, *»keine Schwäche zeigen«*, *»Reden ist Silber, Schweigen ist Gold«*, *»Was ich will, das nehme ich mir – und notfalls mit Gewalt«* usw. zum Ausdruck kommt.

Man kann also in Deutschland nicht mangelnde Trauerbegleitung beklagen, ohne auch das Widerstreben und die Widerstände vieler deutscher Männer und Frauen mit zu benennen.

Davon abgesehen sind aber tatsächlich die Hilfen und Unterstützungsmöglichkeiten in Deutschland im Vergleich zu angelsächsischen Ländern, wo bereits seit längerer Zeit großangelegte Projekte realisiert und ausgewertet werden, unzureichend und begrenzt.

Dies betonen auch die drei Autoren des 1994 in zweiter Auflage erschienenen »Leitfadens zur Trauertherapie und Trauerberatung«, der sich in erster Linie an behandelnde ÄrztInnen und PsychotherapeutInnen wendet.

Die Trauerberatungstelle der Universität Essen, deren Mitarbeiter den genannten Leitfaden herausgegeben haben, war zu dem Zeitpunkt die einzige professionelle Beratungsstelle, die für Anfragen aus dem gesamten Bundesgebiet zur Verfügung stand. Das Autorenteam *Rolf Jerneizig, Arnold Langenmayr, Ulrich Schubert* hat auch das therapeutische Konzept der »Essener Trauertherapie« entwickelt und veröffentlicht. 1991 wurde von zwei der Autoren außerdem ein Ratgeber für Trauernde herausgegeben (1994 wiederaufgelegt und als Taschenbuch erschienen: »Der letzte Abschied – Ratgeber für Trauernde«).

Die Autoren sehen eine sehr starke und wachsende Nachfrage nach speziellen Beratungs- und Unterstützungsmöglichkeiten für Trauernde, die sie in erster Linie von deren Ängsten vor Ausgrenzung und Stigmatisierung ableiten. Zusammenfassend haben sie die Situation Trauernder 1994 folgendermaßen beurteilt:

»Die Chancen für Trauernde, in Deutschland schnell und unkompliziert fachliche Hilfe zu finden, sind äußerst gering. Eine sehr große Zahl schriftlicher Anfragen aus den neuen Bundesländern zeigt, dass dort durch das offensichtlich noch sehr schwache Netz von allgemeinen Lebensberatungsstellen die Problematik noch größer ist. Dagegen steht, dass allein in den alten Bundesländern jedes Jahr 700 000 Menschen sterben, die eine wesentlich höhere Zahl von Trauernden zurücklassen. Eine erhebliche Zahl von Trauernden, denen mit schneller fachlicher Unterstützung leicht geholfen werden könnte, erkrankt aufgrund eines fehlenden therapeutischen Angebotes an häufig schwerwiegenden und langwierigen psychischen und psychosomatischen Störungen und verursacht damit auch erhebliche Folgekosten für die Krankenkassen. Über diese Folgeerscheinungen problematischer Trauer existieren nur wenige Untersuchungen.« (aaO., S. 13 f.)

Marginalien: professionelle Trauerberatung · Ratgeber · Mangel an fachlicher Hilfe

27

Die Autoren schildern die Situation für Trauernde in Deutschland, was fachliche Hilfe und Unterstützung angeht, also als unbefriedigend. Sie wünschen sich mehr, auch bundesweit organisierte Koordination und Zusammenarbeit zwischen ÄrztInnen, PsychologInnen und SozialarbeiterInnen, eine fundierte Fortbildung für Fachkräfte in diesem Bereich und nicht zuletzt auch eine breite öffentliche Auseinandersetzung, die unseres Erachtens in den letzten Jahren tatsächlich deutlich zugenommen hat.

Koordination von Fachkräften *(marginal note)*

2.2 Trauerbegleitung im traditionellen Rahmen

2.2.1 Trauerbegleitung innerhalb der beiden großen Kirchen

Traditionell hatten und haben beide christlichen Kirchen, die katholische und die evangelische, großen Einfluss auf die Gestaltung und den Umgang mit Tod und Trauer. In dem Maße jedoch, wie der Einfluss der Kirchen und der christlichen Religion auf die moderne pluralistische und säkulare Gesellschaft schwindet, werden neue Formen an die Stelle alter Traditionen, Bräuche und Rituale treten (müssen).

Einfluss der Kirchen schwindet *(marginal note)*

War die Kirchenmitgliedschaft und Zugehörigkeit noch im letzten Jahrhundert für die Mehrheit der Bevölkerung üblich, überwiegt heute die Zahl der Kirchenaustritte die der -eintritte, sind viele Menschen konfessionslos, gehören oder hängen einer anderen oder gar keiner Religion an. Gehörten und gehören Sterbebeistand, Trauerfeier und Seelsorge vor, während und nach der Bestattung, zu den klassischen Aufgaben des christlichen Priesters bzw. der Pastorin, gibt es heute bereits einen großen Personenkreis, der sozusagen aus der christlich-religiösen »Versorgung« herausfällt bzw. sich von Kirche und Gemeinde bewusst gelöst und verabschiedet hat.

christliche Seelsorge *(marginal note)*

Praktische Unterstützung und Organisation von Bestattung und Trauerfeier werden in diesem Fall von Bestattungsunternehmen durchgeführt, die heute zum Teil auch schon Aufgaben der Trauerbegleitung übernehmen.

Weil die christliche Religion und davon geprägte Traditionen für den alltagspraktischen Umgang mit Tod und Trauer aber auch heute noch eine zumindest historisch bedeutsame Rolle spielen, soll auf diesen besonderen Hintergrund eingegangen werden.

Es gilt als seelsorgerische Aufgabe des Priesters bzw. der Pastorin, den Menschen ihrer Gemeinde, die in eine besondere Krisensituation geraten, Beistand zu leisten und sie spirituell zu begleiten. Darüber hinaus werden sie auch als Ansprechpartnerinnen für allgemeine Lebensfragen, Sinnfragen, Fragen nach Gott, Religion und dem, was möglicherweise nach dem Tod kommt, gesehen.

Neben der Zuständigkeit für existentielle Fragen und Ängste, erwartet man von ihnen, dass sie bei wichtigen Lebensereignissen (Geburt / Taufe; Übergang von Kindheit ins Jugend- / Erwachsenenalter / Konfirmation; Eheschließung / kirchliche Trauung; Krankheit, Leiden, Schuld / seelsorgerlicher Beistand, Beichte, Abendmahl; Tod / Trauerfeier) als religiöse »Zeremonienmeister« fungieren. Sie sollen dadurch den Gläubigen Hoffnung und Zugehörigkeit zur christlichen Gemeinde vermitteln und verkörpern eine Mittlerrolle zwischen göttlicher und menschlicher Sphäre.

Unabhängig von der pastoralen Seelsorgerrolle spielt auch der christliche Gedanke von Nächstenliebe und Diakonie eine wesentliche Rolle für die Trauerbegleitung. Christen sollen andere Menschen, die leiden und in Not sind, tatkräftig unterstützen und sie in schwierigen Situationen nicht allein und sich selbst überlassen. Sie sollen im Sinne der Nachfolge Christi Anteil am Schicksal der

»Geringsten« und »Bedürftigen« nehmen, mit ihnen leiden, wenn sie leiden, und ihnen dienen. Sie sollen sich gegenseitig in Freude und Leid, durch gute und schmerzliche Tage begleiten.

Dies lässt sich heute als eine Aufforderung zu Einfühlungsvermögen, Intuition, Mitmenschlichkeit, Humanität und Solidarität interpretieren. Tod und Trauer sollen in der christlichen Gemeinde nicht verdrängt, nicht verharmlost, sondern ausgedrückt, begleitet und gestaltet werden. Religiöse Fragen, insbesondere auch die nach einem möglichen Leben nach dem Tod, beschäftigen viele ältere Menschen, auch unabhängig davon, ob sie Mitglied einer christlichen Kirche sind oder nicht. Daraus ergeben sich Anfragen, mit denen heute immer häufiger auch Altenpflegerinnen konfrontiert werden, die sich dann überfordert und »eigentlich nicht zuständig« sehen. Hier wäre die Möglichkeit einer stärkeren Zusammenarbeit zwischen zum Beispiel Krankenhaus- oder Gemeindeseelsorge und Pflege / medizinischer Versorgung gegeben.

2.2.2 Trauerbegleitung innerhalb der Familie

Auch die Familie hat traditionell eine starke Rolle in der Trauerbegleitung gespielt. Von den einzelnen Mitgliedern wurde und wird erwartet, dass man sich gegenseitig stützt, fördert, hilft und in schweren Zeiten zusammenhält. Wenn ein Mensch schwer erkrankt oder stirbt, wird davon ausgegangen, dass die Angehörigen sich um sie / ihn kümmern und sich nach dem Tod gegenseitig zur Seite stehen, sich trösten und praktisch unterstützen (sollen). Dies ist sicherlich auch heute noch meistens der Fall.

Die klassische Familie befindet sich jedoch als verbindliche Lebensform in einer Krise und ist da, wo sie noch besteht, von den vielfältigen Anforderungen, Aufgaben und Erwartungen, die an sie gestellt sind, oft überfordert.

Die Einzelnen befinden sich in einer dauerhaften Zerreißprobe zwischen Eigeninteressen und Gemeinschaftsinteressen und sehen sich als Individuum, das zu verschiedenen Zeiten zu unterschiedlichen Teilfamilien bzw. Partnerschaften gehört. Eigene Ansprüche und Bedürfnisse lassen sich oft nur schwer und unter großem organisatorischen Aufwand mit den Gemeinschafts- oder Familienansprüchen vereinbaren, so dass Familien und Partnerschaften sich immer häufiger und zunehmend schneller auch wieder auflösen. Außerfamiliäre, freundschaftliche und gemeinschaftliche Bindungen und Unterstützungsmöglichkeiten werden in ihrer Bedeutung neben professioneller Hilfe hier sicherlich zunehmen. Von daher wird es nötig sein, die rechtliche Stellung von Freunden und nicht-ehelichen Partnern zu stärken – gerade hinsichtlich jener Entscheidungen, die im letzten Lebensabschnitt und während der ersten Trauerzeit zu treffen sind.

Das traditionelle Konzept der Trauerbegleitung stützte sich überwiegend auf die reproduktive Arbeit und die in der Familie unentgeltlichen Sozialleistungen von Frauen, also auf ihre mütterliche, partnerschaftliche und töchterliche Fürsorge gegenüber Kindern, Ehe-Männern und Eltern. Im Zuge verstärkter Berufstätigkeit, gesetzlicher Gleichstellung und Emanzipation von Frauen und damit verbundener Einforderung von mehr Väterlichkeit und sozialer Fürsorge auch von Männern ergeben sich für dieses traditionelle Konzept und die klassische Familie zunehmend systemsprengende Rollen- und Machtkonflikte.

In der Soziologie wird dieser Prozess auch als Individualisierung bezeichnet. Alte Rollenmuster lösen sich auf, die Wünsche und Interessen der einzelnen Personen stehen gegenüber den gemeinsamen, sie mit anderen verbindenden Interessen und dem Zusammengehörigkeitsgefühl im Vordergrund. Es kann

Einzel- und Gemeinschaftsinteressen in Familien

Bedeutung außerfamiliärer Bindungen wächst

traditionelle Frauenrolle

Individualisierung

29

nicht mehr als selbstverständlich angesehen werden, dass Frauen den Schwerpunkt ihrer Lebensgestaltung in der Fürsorge für andere, innerhalb und außerhalb der Familie, sehen und eigene Bedürfnisse dem unterordnen. Im Rahmen der Familie kann damit die Fürsorge (»Care«-Arbeit) und speziell die Begleitung durch Trauer und Krisen nicht länger als gesichert gelten und ist neu zur Diskussion gestellt.

Wer leistet künftig Care-Arbeit (Fürsorge)?

Trauersituationen haben für sich, auch in bewährten Freundschaften, Partnerschaften und familiären Bindungen eine immense Sprengkraft, weil Trauernde ihr ganzes Leben in Frage gestellt sehen und durch ihr eigenes Fragen und Klagen keine leichten Partner mehr sind. So hat man beispielsweise herausgefunden, dass Eltern, die ein gemeinsames Kind verloren haben, sich in der Trauer oft nur wenig helfen und unterstützen können. Ohne Unterstützung von außen geraten sie oft noch zusätzlich in eine Beziehungskrise, die nicht selten auch zur Trennung oder Scheidung führt. Es scheint also hier eine Begleitung von Unbeteiligten manchmal hilfreicher zu sein als die Begleitung von selbst trauernden Angehörigen.

Unterstützung von außen

Dabei ist auch zu berücksichtigen, dass die Bereitschaft, sich mit Trauer überhaupt auseinanderzusetzen und sich als »zuständig« zu begreifen, bei Frauen und Männern, geprägt durch Sozialisation und Geschichte, ganz unterschiedlich ist. Während sich Frauen im allgemeinen eher als »Expertinnen« sehen und interessiert zeigen, weichen viele Männer, solange es irgendwie geht, der Konfrontation mit diesem »leidigen Thema« eher aus.

geschlechts- spezifischer Zugang zur Trauer

2.3 Trauerbegleitung im medizinischen Umfeld

In dem Maße, in dem traditionelle Formen von Trauerbegleitung in ihrer Bedeutung abgenommen haben, hat der im weitesten Sinne medizinische Bereich an Bedeutung gewonnen.

Wer an einer schweren Krankheit leidet oder gar »sterbenskrank« ist, sieht sich nicht mehr dem allgemein und universell ausgebildeten Hausarzt gegenüber, der in der persönlichen Beziehung zu seinen Patienten auch psychosoziale Begleitung und Beratung übernimmt, sondern einem hochspezialisierten, hochtechnisierten Gesundheitssystem.

Eine Vielzahl von Spezialisten, Methoden, Verfahren und Behandlungsmöglichkeiten macht es für die Erkrankten notwendig, sich genau zu informieren, auszuwählen und klare Entscheidungen hinsichtlich der eigenen Behandlung zu treffen. Die Entscheidungsfindung für oder gegen eine spezielle Behandlungsmethode, für oder gegen einen ärztlichen Spezialisten, eine Klinik oder Beratungsstelle wird aber durch die scheinbare Vielfalt der Möglichkeiten und die Schwierigkeit der jeweiligen Risikoabschätzung erschwert. Zum Teil bleibt es Zufall, wem man innerhalb des Systems, im wahrsten Sinne des Wortes, »in die Hände fällt«.

Innerhalb des Gesundheitssystems erscheinen die Kranken immer mehr in ihrer Rolle als Kunden, die nach ihren finanziellen Möglichkeiten selbst entscheiden, wie viel und welche Art Gesundheitsleistungen sie über die von den Krankenkassen finanzierte Basisversorgung hinaus in Anspruch nehmen wollen.

Auch wer im Sinne der Schulmedizin als »austherapiert« und unheilbar gilt, findet noch immer Angebote und Alternativen, die möglicherweise Heilung versprechen, zumindest aber die Lebensqualität verbessern helfen können. Der Entscheidungsprozess für oder gegen Therapiemöglichkeiten wird damit in die Unendlichkeit ausgedehnt, ist für Patienten buchstäblich bis zur letzten Minute des Lebens möglich, geht für die Ärzte im Hinblick auf lebensverlängernde

Maßnahmen sogar noch darüber hinaus. Trauer und Trauern wird den Betroffenen und Angehörigen durch diese Bedingungen erschwert.

Im Folgenden wird auf verschiedene Bereiche (Rolle und Stellung der ÄrztInnen, Pflegebereich und psychosozialer Bereich) im Zusammenhang mit Trauerbegleitung getrennt eingegangen.

Zuvor sei nur noch darauf hingewiesen, dass heute die meisten Menschen in Krankenhäusern und Pflegeheimen sterben, obwohl dies ihren Wünschen und Bedürfnissen nicht entspricht. Viele wünschen sich, ihre letzte Lebensphase zu Hause zu verbringen, umgeben von vertrauten Menschen, mit denen sie auch bisher ihr Leben verbracht haben.

Wenn diesen Wünschen in Zukunft nicht stärker Rechnung getragen wird, müssen wenigstens die Möglichkeiten der Abschiedsgestaltung und Trauerbegleitung dort verbessert werden, wo die meisten Menschen tatsächlich sterben. Und die Personen, die professionell im Gesundheitssystem, in Kliniken und Pflegeeinrichtungen tätig sind, müssen besser auf dieses Aufgabenfeld vorbereitet werden, das dem uneingeschränkten Heilungsauftrag in gewisser Weise entgegensteht.

Viele im Gesundheitsbereich Tätige sehen sich dort, wo es nicht länger um Heilung, Krankheitsbewältigung und Gesundheitsförderung geht, als nicht mehr zuständig und reagieren dann ratlos und ausweichend, vermeiden auch teilweise die offene Auseinandersetzung mit den Betroffenen, weil sie nicht gelernt haben, mit ihren eigenen Ängsten, Grenzen und ihrer eigenen Trauer konstruktiv umzugehen. Dies verstärkt jedoch die Gefühle von Isolation und Ausgeliefertsein auf Seiten der Patienten.

2.3.1 Rolle und Stellung der Ärzte

Ärzte, aber auch andere Gesundheitsfachberufe (Krankengymnasten, Ergo-therapeuten, Logopäden etc.) werden im Rahmen ihrer medizinischen Ausbildung nur unzureichend darauf vorbereitet, dass ihre Patienten auch sterben können. Ihr Auftrag bezieht sich auf Lebensrettung, Heilung von Krankheiten und Schmerzen, Rehabilitation und Gesunderhaltung. Ihr Handeln zielt darauf ab, die körperlichen Symptome von Krankheiten zu erkennen, zu therapieren und möglichst zum Verschwinden zu bringen. Ihre Ausbildung ist nicht in erster Linie daraufhin ausgerichtet, Menschen mit ihren Krankheiten und Leiden zu begleiten, sondern etwas gegen diese Krankheiten zu tun. *ärztlicher Heilauftrag*

Gerade Ärzte haben deshalb oft große Unsicherheiten und Probleme mit Situationen, in denen sie nichts mehr tun können, in denen es im medizinischen Sinne keine Heilungsaussichten und Therapiemöglichkeiten mehr gibt. Ärzte erleben sich in solchen Situationen als macht- und hilflos.

Hilflosigkeit einzugestehen befindet sich aber im Widerspruch zur oft noch von Ärzten forcierten (und auch von abhängigen Patienten gestatteten) Rolle der »Götter in Weiß«. In dieser Rolle erleben sich Ärzte als »Macher«, als aktiv Handelnde, Bestimmende und in Krankheitsprozesse Eingreifende. Durch unheilbar Kranke und Sterbende werden ihnen die Grenzen ihrer Möglichkeiten und ihres medizinischen Könnens vor Augen geführt. Wer nicht gesund wird, wessen Leben nicht gerettet werden kann, der ist sozusagen ein »medizinischer Misserfolg«. Ärzte mögen dies auch als persönliches Versagen und Scheitern empfinden und aus diesem Grunde die Konfrontation mit Menschen, für die medizinisch nichts mehr getan werden kann, eher meiden – dies beispielsweise indem sie sich kurzangebunden auf ihr Fachvokabular zurückziehen und Zeitmangel vorschützen. Dieses Ausweichen vor schwierigen Situationen und Gesprächen betrifft zwar

Hilflosigkeit im Widerspruch zur Rolle des Arztes

Grenzen der Medizin

31

nicht nur Ärzte, aber für die Patienten, die auf die Aufklärung und Offenheit gerade der entscheidungsbefugten Personen in besonderer Weise angewiesen sind, hat dies zur Folge, dass sie ihr Vertrauen gegenüber den Ärzten verlieren, sich allein gelassen, nicht ernst genommen und ausgeliefert fühlen.

Um den Wünschen und Bedürfnissen jener gerecht zu werden, die ihr Leben in Kliniken und anderen medizinischen oder Pflegeeinrichtungen beenden müssen, und sie und ihre Angehörigen in ihrer Trauer angemessener zu begleiten, wäre es wünschenswert, dass sich auch Ärzte und andere Gesundheitsfachberufe im Rahmen von Aus- und Fortbildung mit ihrer eigenen Angst vor Sterben, Tod und Trauer intensiver befassen und auseinandersetzen.

Dabei soll auch nicht unerwähnt bleiben, dass für chronisch Kranke gerade ihr Arzt oft eine besondere Bedeutung hat und die Person ist, der sie vertrauen und von der sie sich Unterstützung und Begleitung wünschen. Sicher werden viele Ärzte diesen Erwartungen und Wünschen auch gerecht.

Innerhalb des gesamten Gesundheitssystems ist es aber immer noch Glückssache, an welche Persönlichkeiten man gerät. Psychosoziale Betreuung und Trauerbegleitung spielen im institutionellen Rahmen eine untergeordnete, finanziell nicht abgesicherte Rolle.

Im Zuge der Hospizbewegung, auf die weiter einzugehen sein wird, ist in den letzten Jahren hier einiges in Bewegung geraten, aber bezogen auf die gesamte deutsche Versorgungslandschaft in puncto Sterbebegleitung und Trauerbegleitung kann nur noch einmal das Fazit der Mitarbeiter der Essener Trauerberatungsstelle wiederholt werden: dass die Chancen für Trauernde, in Deutschland schnell und unkompliziert fachliche Hilfe und Unterstützung zu finden, als äußerst gering zu beurteilen sind.

2.3.2 Rolle und Stellung des Pflegepersonals

Im Unterschied zu Ärzten haben Pflegekräfte, weder Kranken- noch Altenpflegerinnen, jemals einen Status als »Götter in Weiß« besessen, der sie gegenüber Patienten und Pflegebedürftigen in ein stark distanziertes Verhältnis gebracht hätte.

Von ihrer beruflichen und fachlichen Geschichte und Tradition her werden sie als näher am kranken Menschen gesehen und von diesen auch weitaus häufiger auf zwischenmenschliche Belange angesprochen. Dies bringt sowohl die Pflege- und Fürsorgearbeit als solche mit sich, aber auch die ideengeschichtliche Verknüpfung mit der christlichen und hausfraulichen Tradition des »Dienstes am Nächsten«. Ihre Aufgaben liegen der klassisch weiblichen Haus- und Sozialarbeit im Privatbereich weit näher als der professionell-distanzierteren Rolle von Ärzten. Diese verfügen über zentrale Entscheidungsbefugnisse, die von Pflegekräften einzuhalten und nach ärztlicher Anweisung auszuführen sind.

Während Ärzte in Patientenaugen eher noch von ihrem Status als »Gesundmacher« und »Krankheitsexperten« profitieren, werden die Pfleger eher als ihre »Bedienung« oder moderner als professionelle Pflegedienstleister wahrgenommen und betrachtet. Konflikte, die sich daraus ergeben können, werden im zweiten Teil weiter ausgeführt.

Pflegekräfte sind in ihrer Arbeit auf jeden Fall dichter an den Patienten, mit allen Vor- und Nachteilen, die das mit sich bringt. Besonders für Altenpflegerinnen, die in Heimen beschäftigt sind, ergeben sich dadurch oftmals enge und langjährige Beziehungen zu manchen Bewohnern. Außerdem sind sie sozusagen hautnah und täglich mit denjenigen konfrontiert, die von der medizinischen Therapie unter Umständen bereits »ausgemustert«, als »Unheilbare« aus Rehabilitationsbehand-

bessere Aus- und Fortbildung für Gesundheits- Fachberufe

Pflegekräfte sind dicht am Patienten

lungen entlassen und in höchster Pflege-
stufe eingruppiert sind. Sie haben es also
überwiegend mit den zehn Prozent der
chronisch kranken und gebrechlichen alten Menschen zu tun, die häufig auch an
psychischen Störungen und Auffälligkei-
ten leiden, an Vereinsamung und Depression. Dies kann nicht ohne Auswirkungen auf das Selbstbild und das Bild vom
Prozess des Alterns bleiben.

Zeitdruck, Personalmangel, Einsatz un-
gelernter Kräfte und immense Arbeitsbe-
lastungen sowohl physischer als auch psychischer Art, kennzeichnen immer noch
häufig die Arbeitsbedingungen in Altenheimen, obwohl hier im Zuge von Qualitätssicherung und angestrebter bundes-
weiter Ausbildungsvereinheitlichung
bereits Verbesserungen erzielt worden
sind.

Im Hinblick auf Trauerbegleitung herrscht oftmals große Unsicherheit und
Hilflosigkeit. Einerseits betrifft es hier
die eigene Psychohygiene, die im täglichen Umgang mit Schwerkranken und
Sterbenden unbedingt notwendig ist, um
nicht vorzeitig auszubrennen; andererseits geht es um den Umgang mit trauernden alten Menschen und ihren Angehörigen.

Es soll hier nicht darum gehen, den ohnehin schon mit vielfältigen Aufgaben
belasteten Altenpflegekräften nun auch
noch zusätzlich den Bereich der Trauerbegleitung aufzubürden. Es scheint aber,
wie überhaupt im medizinischen Bereich,
auch in der Aus- und Fortbildung für
Pflegekräfte notwendig zu sein, einen
Schwerpunkt zumindest auf die eigenen
Ängste und Erfahrungen mit Sterben,
Tod und Trauer (Selbsterfahrung und Reflexion) zu legen. Denn nur dann kann
den Bedürfnissen und Anfragen alter
Menschen, die in Pflegeheimen leben
und dort ihr Leben beenden, angemessen
begegnet werden.

Die Leitungskräfte von Pflegeeinrichtungen sollten sich auch verstärkt darum

kümmern, wie sie neue Formen von Ab-
schieds- und Trauerfeiern in ihren Häu-
sern einrichten können, sodass Tod und
Trauer nicht verdrängt und möglichst
schnell abgeschoben, sondern durchlebt
und bewältigt werden können. Auch hier
gibt es bereits positive Ansätze in der
Praxis, aber in der Regel klafft doch eher
die große Lücke von Ratlosigkeit und
Verdrängung.

Abschiedsgestal-
tung in Pflege-
einrichtungen

2.3.3 Rolle und Stellung des psychosozialen Bereichs

Auch Psychotherapeuten, Psychologinnen und Sozialarbeiter und Sozialpädagoginnen arbeiten in klinischen Bereichen,
Beratungsstellen und eigenen Praxen mit
schwerkranken und trauernden Menschen. Es gibt zum Teil an Universitäten
und Privatinstituten auch bereits die
Möglichkeit, Trauerberatung, Trauerbegleitung und Trauertherapie als Schwerpunkt zu wählen und sich für diesen speziellen Bereich weiterzubilden.

Weiterbildung
Trauerberatung /
Trauertherapie

Für die Ratsuchenden ist aber oft nur
schwer durchschaubar, mit welchem Hintergrund und welchen Methoden jemand
dort arbeitet. Es gibt keine geschützten
Titel oder allgemeine Kriterien, die ein-
heitlich und verbindlich wären.

»Trauerberater« kann sich, im Gegensatz
beispielsweise zur jetzt durchs Psychothe-
rapeutengesetz festgelegten und geschützten Berufsbezeichnung »Psychothera-
peut«, jeder nennen. Wer allerdings in
Kliniken, Krankenhäusern, Pflegeeinrichtungen oder Beratungsstellen tätig ist, hat
in der Regel eine fundierte psychologische oder sozialpädagogische Ausbildung, die ihn für psychosoziale Beratung
oder Therapie qualifiziert. Außerdem
bieten niedergelassene Diplompsycholo-
gen und Psychotherapeuten Therapien in
freier Praxis an, die sich auch schwer-
punktmäßig mit Trauer befassen können.
Wie bereits mehrfach erwähnt, gibt es
aber keine bundesweit koordinierte und
fachlich vernetzte Trauer- und Hinter-

Was ist ein Trauer-
berater?

bliebenenberatung. Die unseres Wissens bisher immer noch einzige explizit als solche ausgewiesene Trauerberatungsstelle ist die in Essen.

Trauertherapie bei gestörten Trauerverläufen

Psychotherapeuten sind von ihrer Ausbildung her prädestiniert, Therapien bei gestörten Trauerverläufen anzubieten, wenn sie sich mit der Thematik eingehend beschäftigt haben. In vielen Fällen, in denen es aber nur um kurze, klärende Beratungen, Kriseninterventionen oder Nachfragen geht, reichen Beratungsangebote aus, die nicht von Therapeuten, sondern von Psychologen oder Sozialpädagogen angeboten werden könnten. Trauer ist keine zu therapierende Krankheit.

In der aktuellen Situation werden solche Stellen im öffentlichen Gesundheitssystem aber eher abgebaut als erweitert, obwohl ein Bedarf durchaus vorhanden ist.

Nachfrage Trauerberatung

Dies zeigt z. B. die starke Nachfrage bei der Essener Beratungsstelle oder auch die mangelnden Angebote in der psychosozialen Krebsnachsorge.

Vor dem Hintergrund der vielerorts zusammengebrochenen traditionellen Formen der Unterstützung bei schweren Verlusten und Trauerfällen, ist in der heutigen Gesellschaft eine Lücke entstanden, der man sich nach und nach bewusst wird. Dies bedeutet auch die Chance, neue, individuell passende Formen zu suchen und zu finden.

2.4 Hospizbewegung und Palliativmedizin

2.4.1. Sterbeforschung und Sterbebegleitung

2.4.1.1 Sterbeforschung von Elisabeth Kübler-Ross

Eine der bekanntesten und prägendsten Persönlichkeiten im Zusammenhang mit Forschungen zum Sterbeprozess ist *Elisabeth Kübler-Ross*, die als Psychiaterin in den USA lange Jahre mit Schwerkranken und Sterbenden gearbeitet hat. Ihr erstes Buch in diesem Zusammenhang erschien 1969 mit dem Titel »*On Death and Dying*« (»*Interviews mit Sterbenden*«). Weitere Veröffentlichungen und Vorträge folgten, durch die *Kübler-Ross* zur international anerkannten Expertin auf diesem Gebiet wurde.

Sie betreute über einen langen Zeitraum Todkranke im Belling-Hospital in Chicago. Im Zusammenhang mit dieser Tätigkeit entwickelte sie unter anderem ein differenziertes Phasenmodell zum Sterbeprozess, an das sich auch die Modelle des Trauerverlaufs anlehnen.

Hieraus ergibt sich: Wie jeder Sterbende um sein Leben trauert, so stirbt jeder Trauernde im Verlauf des Abschieds partiell.

Nach *Kübler-Ross* durchlebt ein Mensch, dessen Leben zu Ende geht, verschiedene Phasen und Gefühlszustände, die sie folgendermaßen skizziert hat:

- Nichtwahrhabenwollen,
- Zorn,
- Verhandeln,
- Depression,
- Zustimmung.

Dem entsprechen in etwa die Phasen oder Entwicklungsaufgaben, die ein Hinterbliebener in der Trauer (nach *Worden*) durchlebt:

- Verlust als Realität akzeptieren,
- Trauerschmerz erleben,
- sich anpassen an eine Umwelt, in der der Verstorbene fehlt,
- emotionale Energie abziehen und in eine andere Beziehung investieren.

Die Veröffentlichungen, Vorträge und Forschungsarbeiten von *Kübler-Ross* haben seit den sechziger Jahren bis heute wesentlich dazu beigetragen, dass die Bedürfnisse schwerkranker und sterbender

Menschen stärker in das öffentliche Bewusstsein und die öffentliche Diskussion getreten sind. Durch ihre weitreichende und kontinuierliche Forschung wurde das Tabu um Sterben, Tod und Trauer kritisch hinterfragt und im Sinne der Forderung nach einer verbesserten Sterbe- und Trauerbegleitung im medizinisch-klinischen Bereich und darüber hinaus auch gebrochen. Ihre Arbeiten haben zahlreiche Anstöße und Ansätze für Initiativen und Projekte in internationalem Rahmen gegeben und sind Grundlagen für Aus- und Weiterbildung im Bereich Sterbebegleitung geworden.

2.4.1.2 Hospizgründung in London von Cicely Saunders

Eine weitere wichtige zeitgenössische Frau, die sich durch die Gründung des weltberühmten St. Christopher's Hospice in London und weitreichendes Engagement für Sterbende verdient gemacht hat, ist die Engländerin, ehemalige Krankenschwester und Sozialarbeiterin, später Ärztin *Cicely Saunders*. Sie hat ebenfalls zahlreiche Bücher und Artikel zum Thema Sterbebegleitung und Sterbebetreuung veröffentlicht.

Cicely Saunders gilt als Gründerin des ersten Hospizes (1967) und damit auch als »Mutter« der modernen internationalen Hospizbewegung. Ihr Ansatz ist es, unheilbar Kranken eine menschliche, würdevolle und möglichst schmerzfreie letzte Phase des Lebens zu ermöglichen. Kernpunkt des Hospizgedankens ist die physische, emotionale und spirituelle Begleitung der Patienten im letzten Lebensabschnitt bis zum Tod.

Neu an ihrem Konzept der Sterbebegleitung ist weder der Name noch die Idee, aber die Ergänzung der bisherigen Sterbebegleitung durch wissenschaftlich fundiertes Fachwissen, insbesondere im medizinischen Bereich. Sie entwickelte ein flexibles Konzept, von dem Sterbende überall profitieren können, zu Hause genauso wie in einem Pflegeheim oder Krankenhaus. Es geht weniger darum, eine neue Institution für das Sterben einzuführen, als vielmehr um kompetente Begleitung, orientiert an den Bedürfnissen der Todkranken.

Zum Teil werden Hospizinitiativen und -dienste fälschlicherweise mit »Sterbehilfe« in Verbindung gebracht. Dabei handelt es sich hier jedoch um ein ganz anderes Konzept, bei dem Begleitung und Beistand durch alle Phasen am Ende des Lebens im Vordergrund stehen. Ein wichtiger Schwerpunkt liegt dabei auch in der Schmerztherapie.

Hospizkonzept grenzt sich ab von »Sterbehilfe«

Bevor der Hospizansatz und die daraus hervorgegangenen Einrichtungen näher beschrieben werden, sei darauf verwiesen, dass es dazu mittlerweile eine ganze Reihe von Literatur und anderen Medien gibt, die Hospizpraxis und einzelne Einrichtungen ausführlich darstellen und darüber informieren.

1990 erschien das von *Saunders* und Mitarbeiterinnen des St. Christopher's Hospice herausgegebene Buch »*Hospice and Palliative Care – an interdisciplinary approach*« (deutsch: »*Hospiz und Begleitung im Schmerz*«, 1993). In diesem Buch geht es um Prinzipien der interdisziplinären Arbeit, also Aufbau und Arbeit im Hospiz-Team, außerdem im zweiten Teil um spezielle Fragen und Herausforderungen, denen sich ein interdisziplinäres Team bei der Betreuung Todkranker gegenübersieht. *Saunders* betont für diese mitunter anstrengende und belastende Arbeit sehr stark die geforderte Zusammenarbeit aller Beteiligten, sowohl der verschiedenen Fachkräfte wie der Angehörigen, aber auch der betroffenen Patienten selbst.

Prinzipien interdisziplinärer Hospizarbeit

Als Ziel der interdisziplinären Teamarbeit formuliert sie die Verbesserung der Lebensqualität von Patienten und deren zwischenmenschlichen Beziehungen im letzten Lebensabschnitt.

2.4.2 Konzepte der Hospizbewegung

Der mittlerweile internationalen Hospizbewegung geht es im Kern um eine offensive, aktive und offene Sterbebegleitung, die auf den bisherigen Erkenntnissen und Erfahrungen aufbaut.

> Ein Hospiz-Team orientiert sich an drei wesentlichen Kriterien:
> 1. Spezialisierung auf kompetente Sterbebegleitung, und zwar für Sterbende, die an einer fortschreitenden, medizinisch nicht mehr beeinflussbaren Krankheit leiden.
> 2. Teamarbeit auf der Grundlage einer gemeinsamen inneren Einstellung und Zielsetzung.
> 3. Erfüllung bestimmter Qualitätskriterien, je nach Realisierungsform. (vgl. *Albrecht, Orth, Schmidt*: »Hospizpraxis«, 1995)

Unter »kompetenter Sterbebegleitung« wird dabei verstanden, dass für die Patienten eine Linderung der Beschwerden mit allen Mitteln versucht wird und außerdem die Sicherheit durch kompetente, vorausplanende und jederzeit verfügbare Betreuung gegeben werden kann. Außerdem geht es darum, Leben bis zuletzt tatsächlich zu ermöglichen und auch den Angehörigen eines Verstorbenen Begleitung in der Trauerzeit anzubieten.

Die gemeinsame Grundlage der inneren Einstellung zu Tod und Sterben basiert darauf, dass der Tod nicht als Feind, sondern als Abschluss und Teil des Lebens betrachtet wird. Er wird weder beschleunigt noch verzögert, sondern als natürliches Ereignis akzeptiert. Damit steht weniger die Tatsache, **dass** wir sterben, sondern vielmehr **wie** wir sterben und bis dahin leben, im Zentrum des Interesses.

Hospiz-Teams sehen außerdem eine Aufgabe darin, den Umgang mit den gemiedenen Themen Tod und Sterben in unserer Gesellschaft zu verbessern. Sie beschränken sich ausdrücklich auf die Betreuung von Menschen, bei denen die zum Tod führende Erkrankung eindeutig medizinisch nicht mehr beeinflussbar ist. Gibt es noch medizinische Möglichkeiten oder wünscht ein Betroffener die Lebensverlängerung um jeden Preis, so ist eine Betreuung durch das Hospiz nicht sinnvoll, wo Sterben zugelassen und Begleitung im Sterbeprozess praktiziert wird.

Die Betreuungsangebote und Realisierungsformen der Hospizbewegung verstehen sich nicht als Konkurrenz, sondern als Ergänzung zu den bisherigen Einrichtungen des Gesundheitswesens. Da eine große Zahl von Schwerkranken und Sterbenden nicht ausreichend begleitet wird, profitiert neben den Betroffenen auch das Gesundheitssystem von stationären und ambulanten Hospizinitiativen.

Der Hospizansatz beschreibt ein Konzept und keine festgefügte Institution. Unabhängig von der organisatorischen Realisierungsform besteht ein Hospiz aus einer Gruppe unterschiedlicher, auch ehrenamtlicher Mitarbeiter, die interdisziplinär in der Betreuung Sterbender zusammenarbeiten. Die körperliche, psychische und spirituelle Betreuung wird rund um die Uhr und auch an Wochenenden gewährleistet. Meistens besteht das Kernteam aus Arzt, Pflegepersonal, Seelsorger, Sozialarbeiter und ehrenamtlichen Helfern. Ergänzende Angebote können Physiotherapie, Kunsttherapieformen, Psychologie und Ernährungsberatung sein.

> Das Hospizkonzept beinhaltet verschiedene Tätigkeitsbereiche, die sich gegenseitig ergänzen und vervollständigen sollen:
>
> - Betreuung von Sterbenden und deren Angehörigen,
> - Praxisbegleitung und Supervision für die eigenen Mitarbeiter,

Einstellung zu Tod und Sterben

- Beratung und Unterstützung anderer professionell Helfender, die mit Sterbenden arbeiten,
- Öffentlichkeitsarbeit durch Enttabuisierung von Sterben und Tod, ergänzt durch Anregungen zur eigenen Auseinandersetzung und Selbsterfahrung.

Je nach den personellen Möglichkeiten, setzt jede Hospizgruppe ihre eigenen Schwerpunkte.

2.4.2.1 Organisations- und Realisierungsformen

1. Hospizinitiativen

Hospizinitiativen sind Gruppen bzw. Dienste in der strukturellen Anfangsphase, die sich mit der Umsetzung des Hospizkonzepts befassen und in erster Linie Aufklärungs- und Öffentlichkeitsarbeit betreiben. Eine Betreuung von Patienten wird hier vorerst (noch) nicht angeboten.

2. Ambulante Hospizdienste

Diese Dienste haben die Möglichkeit, durch ehrenamtliche Mitarbeiter schwerkranke und sterbende Menschen und ihre Familien zu Hause oder in Pflegeeinrichtungen zu unterstützen. In Form von Gesprächen begleiten sie Kranke und deren Angehörige in der Auseinandersetzung mit Krankheit, Schmerz, Abschied und Trauer. Dabei arbeiten ambulante Hospizdienste mit anderen ambulanten Diensten in enger Kooperation zusammen. Zum Teil werden Sitzwachen übernommen, Informationen und Ansprechpartner zu Fragen von Schmerztherapie und Symptomkontrolle vermittelt, außerdem Unterstützung und Beratung in behördlichen Fragen angeboten. Häufig stehen die jeweiligen Mitarbeiter mit den Angehörigen eines Verstorbenen auch nach dessen Tod weiter in Kontakt, wenn dies gewünscht wird.

3. Stationäre Hospize

Hospize sind eigenständige Häuser, die nicht einem Krankenhaus zugeordnet sind. In stationären Hospizen werden schwerstkranke und sterbende Menschen mit einer unheilbaren, fortschreitenden und weit fortgeschrittenen Erkrankung mit begrenzter Lebenserwartung betreut, bei denen eine stationäre Behandlung im Krankenhaus nicht erforderlich und eine ambulante Betreuung nicht möglich ist. Die meisten Menschen werden bis zu ihrem Tod im Hospiz begleitet.

Der Schwerpunkt liegt in der Überwachung von Schmerztherapie und Symptomkontrolle und in der palliativpflegerischen, psychosozialen und spirituellen Betreuung. Die ärztliche Betreuung wird überwiegend durch niedergelassene Ärzte sichergestellt.

Schmerztherapie

psychosoziale / spirituelle Betreuung

4. Tageshospiz

Ein Tageshospiz ist ähnlich wie ein stationäres Hospiz ausgestattet, häufig sogar auch dort angegliedert; die Patientenbetreuung wird aber nur tagsüber geleistet. Palliativpflegerische bzw. medizinische und psychosoziale Betreuung von Patienten und deren Angehörigen stehen auch hier im Zentrum. Ein wesentlicher Aspekt ist die Entlastung und Unterstützung der Patienten bzw. der Angehörigen, sodass die Betroffenen möglichst lange in ihrer häuslichen Umgebung bleiben können. Die ärztliche Betreuung erfolgt überwiegend durch Hausärzte.

Entlastung von pflegenden Angehörigen

In allen Einrichtungen arbeiten neben palliativpflegerisch ausgebildeten Pflegern ehrenamtliche Helfer mit.

Wie bereits erwähnt, ist auch der Kontakt und die Kooperation mit den begleitenden und trauernden Angehörigen ein Anliegen der Hospizarbeit. Für diesen Personenkreis werden zum Teil angeleitete Gesprächsgruppen oder Vorträge angeboten. Außerdem kann auch an ortsansässige Psychotherapeuten oder selbstständige Trauerbegleiter verwiesen werden.

Kooperation und Kontakt

Hospizeinrichtungen werden mehr

In Deutschland sind Hospizeinrichtungen nicht flächendeckend vorhanden, aber in den meisten größeren Städten gibt es inzwischen entsprechende Initiativen, die mit den örtlichen Krankenhäusern, Pflegeheimen und anderen Einrichtungen zusammenarbeiten. 1983 wurde an der Universitätsklinik in Köln die erste nach dem Hospizkonzept arbeitende Palliativstation eröffnet. Inzwischen gibt es in jedem Bundesland mindestens eine solche Station und weitere sind geplant. Bei diesen, einem Krankenhaus angegliederten, Stationen werden die Betreuungskosten von den Krankenkassen übernommen. Ambulante Dienste finanzieren sich dagegen hauptsächlich über Spenden, für die Betroffenen ist eine Betreuung aber in der Regel kostenlos. Die Kostenerstattung von stationären Hospizen außerhalb von Krankenhäusern, zum Teil auch von ambulanten Diensten, ist derzeit noch Verhandlungsgegenstand mit Krankenkassen.

2.4.3 Palliativmedizin

Der Ausdruck »Palliativ« kommt aus dem Lateinischen und bedeutet, dass die Beschwerden einer Krankheit schmerzlindernd behandelt werden, ohne dass man aber die Ursachen bekämpft (bzw. bekämpfen kann). Wörtlich übersetzt bedeutet es »jemanden in einen Mantel (pallium) hüllen«.

2.4.3.1 Palliativstationen

Palliativstationen sind eigenständige, an ein Krankenhaus angebundene oder integrierte Stationen. Aufgenommen werden hier Patienten mit einer unheilbaren fortgeschrittenen Erkrankung und Symptomen wie z. B. Schmerzen oder mit psychosozialen Problemen, die einer Krankenhausbehandlung bedürfen.
Für die Umsetzung eines ganzheitlichen Behandlungsansatzes mit möglichst rascher Schmerz- und Symptomlinderung

ist neben der kompetenten ärztlichen und pflegerischen Behandlung die enge Zusammenarbeit mit Seelsorgern, Sozialarbeitern, Psychologen, Krankengymnasten und anderen Berufsgruppen erforderlich. Die Entlassung der Patienten mit ausreichender Symptomkontrolle ist das Ziel der Behandlung. Die ärztliche Präsenz über 24 Stunden muss sichergestellt sein. Der Pflegepersonalschlüssel sollte mindestens 1,2 : 1 (Pfleger : Patient) betragen.

2.4.3.2 Ambulante Palliativdienste

Ambulante Palliativdienste sind Dienste, die in Kooperation mit stationären Einrichtungen, Patienten und ihre Angehörigen zu Hause betreuen. Betreut werden schwerstkranke und sterbende Menschen mit einer unheilbaren, fortschreitenden und weit fortgeschrittenen Erkrankung. Patienten mit begrenzter Lebenserwartung und Symptomen, bei denen eine stationäre Behandlung im Krankenhaus oder im Hospiz nicht erforderlich, und also auch eine ambulante Betreuung möglich ist.
Schwerpunkte in der Arbeit sind die Überwachung der Schmerztherapie und Symptomkontrolle, bei Bedarf die Übernahme palliativpflegerischer Maßnahmen (z. B. schwierige Verbandswechsel), Anleitung und Beratung von Angehörigen bei medizinisch-pflegerischen Tätigkeiten, psychosoziale Begleitung der Patienten und ihrer Angehörigen, Hilfe bei der Bewältigung des Krankheits- und Sterbeprozesses, sozialrechtliche Beratung und Hilfe.
Die Erreichbarkeit rund um die Uhr muss gewährleistet sein. Ambulante Palliativdienste verstehen sich als Ergänzung zu den bereits bestehenden sozialen Diensten und kooperieren eng mit Hausärzten, Palliativstationen, schmerztherapeutischen Einrichtungen und Krankenhäusern. Die Grund- und Behandlungspflege wird in der Regel weiterhin durch die bereits bestehenden ambulanten Sozialdienste durchgeführt.

2.4.3.3 Wohneinrichtungen für Aidskranke

Diese Einrichtungen sind krankenhaus-unabhängige Einrichtungen, die auf HIV- bzw. Aidspatienten spezialisiert sind. In diesen Einrichtungen werden schwerst-kranke und sterbende Menschen mit weit fortgeschrittener HIV-Erkrankung betreut, bei denen eine stationäre Behandlung im Krankenhaus nicht erforderlich und eine ambulante Betreuung nicht möglich ist. Der Schwerpunkt liegt in der psychosozia-len, aber auch palliativpflegerischen Be-treuung. Der Palliativgedanke stellt einen wesentlichen Aspekt der Arbeit dar. Die ärztliche Betreuung erfolgt überwiegend durch Hausärzte. Das Personal besteht hauptsächlich aus Sozialarbeitern, zum Teil auch aus Pflegepersonal, und wird er-gänzt durch ehrenamtliche Mitarbeiter. Die dargestellten Einrichtungen der Pallia-tivmedizin sind eng mit dem Hospizkon-zept verwandt, und umgekehrt, aber stärker medizinisch orientiert und an die regional und lokal bestehenden Einrichtungen des Gesundheitssystems angegliedert.

2.5 Trauerbegleitung: Mögliche Hilfen und Unterstützungsformen

Die Veröffentlichungen und Forschun-gen von *Elisabeth Kübler-Ross* wie auch das Hospizkonzept von *Cicely Saunders*, verbunden mit der Palliativpflege und - medizin, und die daraus hervorgegangene internationale Hospizbewegung haben in den vergangenen Jahrzehnten auch in Deutschland dazu beigetragen, dass sich vielerorts ein anderer Umgang mit Ster-ben, Tod und Trauer abzeichnet, der auf individuelle Bedürfnisse und Bedingun-gen stärker Rücksicht nimmt und, entge-gen den »Forever-young«-Trends, den Tod als Teil des Lebens akzeptiert. Im Hinblick auf Trauerhilfen sollen nun noch einmal explizit die derzeit bestehen-den Möglichkeiten genannt und skizziert werden.

2.5.1 Hospizdienste und -initiativen

Wo Hospizdienste tätig sind, besteht häufig auch die Möglichkeit der Betreu-ung und Unterstützung von Hinterblie-benen bzw. trauernden Angehörigen in Form von Einzelgesprächsangeboten, Gruppengesprächskreisen, Vorträgen, Sozial- und Rechtsberatung und Infor-mationen über weitere Beratungs- und Hilfsangebote. Man kann sich bei den einzelnen Initiativen oft auch telefonisch Informationen einholen und Rat erhal-ten.

Beratungs- und Hilfsangebote

Hospizdienste arbeiten meistens über-konfessionell, sodass sie keiner bestimm-ten Religionsgemeinschaft angehören. Sie arbeiten oft auch mit diesen partner-schaftlich zusammen. Spirituelle Beglei-tung und Unterstützung (Seelsorge) wird als wesentliches Element der Teamarbeit angesehen.

überkonfessio-nelle Arbeit

2.5.2 Trauerselbsthilfegruppen

Eine andere Möglichkeit, sich als Betrof-fener mit anderen Trauernden auszutau-schen, bieten die bundesweiten Trauer-selbsthilfegruppen, die über die Zentral-stelle der Selbsthilfegruppen koordiniert werden. Dort kann man Informationen darüber erhalten, ob und welche Gruppen in der eigenen Region bestehen und fin-det Rat und Unterstützung, wenn man selbst eine solche Gruppe gründen oder initiieren möchte. Diese Selbsthilfegruppen basieren, wie der Name schon sagt, auf dem Selbsthil-feansatz, sind also Zusammenschlüsse von Betroffenen, ohne professionelle Be-gleitung oder Anleitung.

Zusammen-schlüsse von Betroffenen

Es gibt aber auch Mischformen wie z. B. Trauergruppen, die von Kirchengemein-den oder Sozialstationen bzw. Pflegedien-sten angeboten werden und die meistens angeleitet werden. D. h. ein Psychologe, Sozialarbeiter, Pfarrer etc. ist für den äußeren Rahmen, die Zeitplanung und Gesprächsführung verantwortlich und strukturiert die einzelnen Zusammenkünfte thematisch vor.

Die Leitung solcher Gruppen kann aber auch von ehemals selbst Betroffenen im Sinne der Selbsthilfe für andere übernommen werden, wenn sie sich nicht mehr in einer akuten Trauersituation befinden, diese Möglichkeit zur Hilfe aber gerne anderen anbieten möchten.

Es hat sich allerdings in der Praxis auch gezeigt, dass viele akut Trauernde erst nach einer Zeit des persönlichen Rückzugs langsam die Bereitschaft entwickeln, sich im Rahmen einer Gruppe mit anderen auszutauschen bzw. sich aktiv mit dem eigenen Trauerprozess auseinanderzusetzen. Jede Trauerselbsthilfegruppe muss deshalb sehr viel Raum für individuelle Trauerwege und Bedürfnisse lassen und Eigenheiten der Einzelnen akzeptieren.

2.5.3 Trauerberatung (Trauerberatungsstelle Essen)

Wie bereits erwähnt gibt es in Essen, der dortigen Universität angegliedert, eine spezielle Beratungsstelle, die sich auf Trauerhilfe, Hinterbliebenenberatung und Probleme mit dem Trauerprozess konzentriert.

Diese Beratungsstelle ist offen für Anfragen aus dem gesamten Bundesgebiet und hat auch einen empfehlenswerten Ratgeber für Trauernde herausgegeben. Natürlich kann eine länger dauernde Beratung nur in der Region um Essen angeboten werden. Aber man kann dort auch Informationen und Adressen über Möglichkeiten der Unterstützung in der eigenen Region erhalten.

Über die Trauerberatungsstelle ist es auch möglich, sich nach therapeutischen Hilfen zu erkundigen, soweit dies im Einzelfall nötig oder erwünscht sein sollte.

Die Mitarbeiter der Beratungsstelle haben ein spezielles Konzept der »Essener Trauertherapie« entwickelt, das vor zehn Jahren erstmals veröffentlicht wurde und

nach dem dort therapeutisch gearbeitet wird.

2.5.4 Trauertherapie / Psychotherapie bei gestörter oder problematischer Trauer

Manche Psychotherapeutinnen legen in ihrer praktischen Tätigkeit einen Schwerpunkt auf die Arbeit mit Trauernden und haben sich entsprechend weitergebildet. Besonders jene, die in ihrer Trauersituation Hilfe suchen, sich aber außerstande fühlen, an einer Gruppe teilzunehmen, sollten eine Einzelpsychotherapie in Erwägung ziehen. Bevor man sich für eine solche entscheidet, sollte man sich eingehend nach den unterschiedlichen Therapiemethoden und Arbeitsweisen der jeweiligen Therapeuten erkundigen, die im eigenen Wohn- und Lebensumfeld tätig sind. Man kann sich hier wiederum Rat und Informationen bei Hospizeinrichtungen, Hausärzten, Kirchengemeinden etc. einholen, um für sich und die eigenen Belange die passende Therapie und den passenden Therapeuten zu finden.

2.5.5 Trauerbegleitung

In letzter Zeit findet man in größeren Städten auch bereits Angebote von selbstständig tätigen »Trauerbegleitern«, zum Teil angegliedert und in Kooperation mit dem Bestattungsgewerbe. Hier scheint eine gesellschaftlich entstandene Lücke durch ein modernes, erweitertes Dienstleistungs-Angebot langsam erschlossen zu werden. Wer in der Trauersituation mehr Wert auf persönliche Begleitung und Unterstützung legt und weniger auf die »Erledigung« der mit einen Todesfall verbundenen Formalitäten und einer angemessenen Bestattung des Toten, kann sich an selbstständig tätige Trauerbegleiter wenden.

Es gibt hier keine geschützte Berufsbezeichnung und keine entsprechend einheitliche Qualifikation. Entscheidender ist wohl auch, ob jemand persönlich die jeweiligen Anbieter für vertrauenswürdig und kompetent erachtet, ihm in der Trauersituation beizustehen. Wer diesen Bedarf anderweitig ausfüllen kann, wird auf professionelle Trauerbegleitung ohnehin verzichten. Für diejenigen, die sich in ihrer Situation alleingelassen, hilflos und überfordert fühlen, ist das Angebot einer Trauerbegleitung eine gute Möglichkeit, sich Unterstützung zu holen.

Ob es entsprechende Angebote in der eigenen Umgebung gibt, erfährt man aus der Lokalpresse, bei den örtlichen Bestattungsunternehmen, im Internet oder Einrichtungen wie Hospizinitiativen, Kirchengemeinden etc. Manchmal bieten Trauerbegleiter auch spezielle Angebote wie Reisen für Trauernde, Trauerselbsterfahrungsseminare, Literaturkurse etc. an.

2.6 Lebensbegleiter als Trauerbegleiter

Es kann nicht oft genug betont werden: Trauer ist ein natürliches, gesundes Geschehen von Abschiednehmen und Loslassen, das zwar in der akuten Situation persönlich sehr bedrohlich und verwirrend erlebt wird, aber auch durchlebt und bewältigt werden kann – auch ohne all die vorher aufgeführten Möglichkeiten der Unterstützung und Begleitung.

Wer sich in seiner Lebenssituation grundsätzlich aufgehoben und geborgen fühlt, Gesprächspartner und Freunde hat, und die Wege und Methoden kennt, mit denen er sich in schwierigen Situationen stärken und trösten lassen kann, der wird vermutlich in seiner Trauer gar nicht erst das Bedürfnis nach professioneller Unterstützung entwickeln. Er wird den eigenen Weg gehen und dabei von denjenigen begleitet werden, die auch im Alltagsleben Begleiter sind, ohne dass eine »Versorgungslücke« entsteht oder bleibt.

Die »Lebensbegleiter« haben gegenüber Außenstehenden den Vorteil, dass sie den trauernden Menschen in seinen Eigenheiten schon kennen und insofern besser auf seine Bedürfnisse eingehen können. Unter Umständen kann sich daraus natürlich auch ein Nachteil ergeben, wenn der Trauernde sich nämlich in einen existenziellen Prozess der Veränderung begibt, den die Nächsten oft erst später begreifen, als zunächst fremde, fernstehende Personen dies tun dürften.

Weil aber Trauer auch eine extreme Krisensituation für die Betroffenen darstellen kann, in der sie sich besonders isoliert, einsam und sprachlos fühlen, ist es gerade in einer solchen Situation wichtig, dass alle Hilfen voll ausgeschöpft und in Ergänzung zueinander und nicht als Konkurrenz betrachtet werden.

Trauer als Krise

Die »Lebensbegleiter« – Angehörige, Freundinnen, Verwandte, Nachbarn, Arbeitskolleginnen, Bezugspersonen etc. – spielen eine wichtige Rolle in der tagtäglichen Trauerbegleitung. Oder: könnten sie wenigstens spielen, wenn sie diese nicht abweisen, sondern annehmen und mit Selbstvertrauen und eingedenk der eigenen Grenzen ausfüllen. Wenn sie sich sozusagen eine solche Begleiterrolle auch zutrauen und nicht davor weglaufen. Wenn sie Verlustschmerzen und Trauer nachvollziehen können und nicht darauf angewiesen sind, diese Dinge und Erfahrungen im eigenen Leben möglichst auf Abstand zu halten.

Trauerbegleitung im Alltag

Denn gerade dies spüren Trauernde sehr genau und fühlen sich dann zum Teil wie »Aussätzige« ausgegrenzt. Sie spüren, dass sie den Anforderungen der Spaß- und Leistungsgesellschaft in ihrer Trauer nicht gewachsen sind und keine »positiven« Lebensweisheiten beizusteuern haben. Ihre dauernde »Klagelitanei« will aber niemand hören und für sie selbst ist dieser Zustand auch nur beängstigend. Dieses Immer-weniger-Zugang-zur-Außenwelt-Finden, verbunden mit dem Unverständnis und der Ablehnung durch die Außenwelt, treibt die Trauernden im-

Ausgrenzung

mer stärker in den Teufelskreis aus Rückzug und Isoliert-Werden, der sich häufig auch in der Angst äußert, verrückt zu werden. Dazu ist aber zu sagen, dass sich in der Trauer die Dinge, die bisher fest zu stehen schienen, von selbst ver-rücken. TrauerbegleiterInnen fällt die Aufgabe zu, hier zu beruhigen und zu bestätigen, zu versichern, dass in der Trauer Verrücktsein, Verrücktempfinden sozusagen der Normalzustand ist, der sich aber wieder verändern wird.

Die Welt sieht für jemanden in Trauer vollkommen anders aus als vorher oder nacher. Er erlebt sich als eine Art »Alien«, als Fremder, Übriggebliebener, Anderer, dem der Alltag plötzlich zu einer Art unverständlichem Ausland geworden ist, in dem er sich nicht mehr zurechtfindet und dessen Sprache er nicht mehr spricht.

Dies sollte man sich in der Kommunikation und Begleitung von Trauernden immer wieder vor Augen halten.

Fazit

Im Hinblick auf die Unterstützung trauernder Menschen in Deutschland ergibt sich zweierlei: Zum Einen gehört Trauer zu den tabuisierten Gefühlen und Gefühlsäußerungen. Diese scheinen in einer Gesellschaft, die sich im Großen und Ganzen dem »positiven Denken« verschrieben hat und lieber nach vorn als zurück blickt, zu stören. Zum Anderen findet das Thema immer mehr Beachtung, was sich auch in den zahlreicher werdenden Veröffentlichungen äußert. Gleichzeitig beobachtet man innerhalb der Einrichtungen, die sich professionell um Menschen im Trauerprozess kümmern, eine zunehmende Sensibilisierung für diesen Themenkomplex. So ist auch das Anwachsen der Hospizbewegung, die zunehmende Einrichtung von Palliativstationen und das Inter-

esse an einer Ausbildung in Schmerztherapie zu verstehen.

Damit bewegen sich aber gerade Pflegekräfte ständig auf der Grenze zwischen dem Tabu und der notwendigen Auseinandersetzung und dem Umgang mit Trauerprozessen. Einerseits wird dieser Umgang dadurch erschwert, dass nur noch wenige Vorgaben und kaum noch traditionelle Unterstützungsformen existieren, die Halt in einer sehr schwierigen Situation bieten könnten. Andererseits eröffnet sich damit die Freiheit, auch individuelle Formen des Abschiedes zu (er-)finden und dem jeweiligen Verstorbenen und dessen gelebtem Leben anzupassen.

Wichtig ist es hier für die Pflegekräfte, eigene Grenzen zu erkennen, die nicht überschritten werden sollten. Nur so wird die Begleitung und Unterstützung anderer Menschen in schwierigen Situationen nicht zur permanenten Überforderung, aus der man schließlich nur wieder flüchten kann. Hier sind Kenntnisse der bundesdeutschen Versorgungslandschaft hinsichtlich der Begleitung im letzten Lebensabschnitt notwendig, damit die Betroffenen gegebenenfalls dorthin überwiesen werden können.

Übungen zur Selbsterfahrung und Reflexion

Für die Einzelarbeit:

1. Kennen Sie Sprüche, die den Ausdruck von Gefühlen und das Zulassen von »Schwäche« verhindern sollen (z. B.: »*Beiß die Zähne zusammen!*«)? Was empfinden Sie, wenn Sie diese Sprüche gesagt bekommen?

2. Erleben Sie in Ihrem Pflegealltag Formen der traditionell christlichen Trauerbegleitung (Seelsorge)? Was geschieht in dieser Begleitung?

Empfinden Sie sie als hilfreich oder als störend?

3. Trauernden Menschen zu begegnen fällt schwer. Dies zeigt sich auch in Altenpflegeeinrichtungen, wenn zum Beispiel trauernden Angehörigen aus dem Weg gegangen wird. Wie würden Sie sich verhalten, wenn trauernde Menschen auf die Station kommen, um von ihren Angehörigen Abschied zu nehmen? Worin bestehen Ihre Erwartungen und Befürchtungen?

4. Überlegen Sie, ob Sie sich vorstellen könnten, im Rahmen von Hospizeinrichtungen oder Palliativmedizin als Altenpfleger tätig zu sein. Erläutern Sie Ihre Entscheidung.

5. Erinnern Sie sich an Situationen, in denen Sie sich in der Rolle des Trauerbegleiters erlebt haben. Was ist Ihnen im Rückblick in dieser Rolle leichter bzw. schwerer gefallen?

Für die Gruppenarbeit:

1. Die traditionelle Form des Familienlebens ist längst nicht mehr überall vorhanden.
   Tragen Sie zusammen und diskutieren Sie, was sich verändert hat. Inwiefern trägt die Veränderung des Stellenwerts der Frauenarbeit zur Veränderung der Trauerbegleitung bei?

2. Pflegekräfte haben in der Regel eine engere Beziehung zu Pflegebedürftigen als Ärzte. Dadurch nehmen Sie zwischen beiden Gruppen eine Vermittlerrolle ein. Tauschen Sie sich darüber aus, wie Sie dies in Ihrem Pflegealltag erleben. Was empfinden Sie dabei als positiv und was stört Sie?

3. Finden und diskutieren Sie Beispiele von »gestörten« Trauerverläufen, die Ihrer Meinung nach Beratung und Therapie erfordern würden.

Verwendete und weiterführende Literatur

Albrecht, E.: Orth, C.; Schmidt, H.: Hospizpraxis. Freiburg i. Br. 1995.

Ariès, P.: Geschichte des Todes. München 1980.

Bacque, M.-F.: Mut zur Trauer. Die Akzeptanz eines notwendigen Lebensgefühls. München 1994.

Bohnhorst, B.: Lass mich los – aber nicht allein. Ein Ratgeber zur Sterbebegleitung. Frankfurt a. M. 1997.

Brocher, T.: Wenn Kinder trauern. Zürich 1980.

Canacakis, J.: Ich sehe deine Tränen. Stuttgart [7]1992.

Canacakis, J.: Ich begleite dich durch deine Trauer. Stuttgart 1990.

Caplan S.; Lang, G.: Trauern. Wie Sie nach einem schweren Verlust wieder neuen Mut schöpfen können. Landsberg am Lech 1996.

Heller, A. (Hrsg.): Kultur des Sterbens. Freiburg i. Br. 1994.

Herrmann, N.: Mit Trauernden reden. Zürich 1988.

Informationsblatt Hospiz Horn e.V. (Bremen): Palliativmedizin und Hospizeinrichtungen.

Jerneizig, R.; Langenmayr, A.; Schubert, U.: Leitfaden zur Trauertherapie und Beratung. Göttingen 1994, 1991.

Jerneinzig, R.; Langenmayr, A.; Schubert, U.: Der letzte Abschied. Ratgeber für Trauernde., Frankfurt a. M. 1994, 1991.

Kahl-Passoth, S.; Dille, S.; Walther, A.v.: Nimmt das denn nie ein Ende? Mit Trauer leben lernen. Gütersloh 1992.

Kast, V.: Der schöpferische Sprung. München [4]1988.

Kübler-Ross, E.: Interviews mit Sterbenden. Stuttgart [17]1996 (Originalausgabe 1969).

Kübler-Ross, E.: Leben bis wir Abschied nehmen. Stuttgart 1979.

Kübler-Ross, E.: Verstehen, was Sterbende sagen wollen. Stuttgart 1982.

Kübler-Ross, E.: Was können wir noch tun? Stuttgart 1990.

Lee, C.: Trauer kennt viele Wege. Für einen individuellen Umgang mit Schmerz und Verlust. Wiesbaden 1996.

Lord, J. H.: Nicht einmal ein Abschiedswort. Trauer nach einem unerwarteten Todesfall. Zürich 1999.

Mittag, O.: Sterbende begleiten. Stuttgart 1994.

Mitscherlich, A. und M.: Die Unfähigkeit zu trauern. München 1967.

Morris, D. B.: Geschichte des Schmerzes. Frankfurt a. M. 1994.

Müller, M.; Schnegg, M.: Unwiederbringlich. Vom Sinn der Trauer. Hilfen bei Verlust und Tod. Freiburg i. Br. 1997.

Nuland, S. B.: Wie wir sterben. München 1994.

Saunders, C.: Hospiz und Begleitung im Schmerz. Freiburg i. Br. 1993.

Schmitz-Scherzer, R. (Hrsg.): Altern und Sterben. Bern u. a. 1992.

Silbernagl, H.; Strätling-Tölle, H.: Den Lebensweg zu Ende gehen. Für einen menschlichen Umgang mit Sterben, Tod und Trauer. München 1995.

Specht-Tomann, M.; Tropper, D.: Wir nehmen jetzt Abschied. Kinder und Jugendliche begegnen Sterben und Tod. Düsseldorf 2000.

Schweidtmann, W.: Sterbebegleitung. Menschliche Nähe am Krankenbett. Stuttgart 1991.

Tausch-Flammer, D.: Sterbenden nahe sein. Freiburg i. Br. 1993.

Uffmann, A.: Trauern und Leben. Begleitung durch die Landschaften der Trauer. Stuttgart 1998.

Adressen

Allgemeine Fragen zur Trauer:
Trauerberatungsstelle der Universität Essen
Universtitätsstraße 12
Postfach 103764
45141 Essen

Informationen über die Gründung von Selbsthilfegruppen:
Nationale Kontakt- und Informationsstelle zur Anregung und Unterstützung von Selbsthilfegruppen (NAKOS)
Albrecht-Achilles-Straße 65
10709 Berlin

Formale Aspekte der Bestattung, Vorsorge etc.:
Bundesverband des Deutschen Bestattungsgewerbes e.V. und Fachverlag des Deutschen Bestattungsgewerbes
Schirmerstraße 76
40211 Düsseldorf

Tod eines Kindes und Selbsthilfegruppen verwaister Eltern:
Evangelische Akademie Nordelbien (Selbsthilfegruppe »Verwaiste Eltern«)
Esplanade 15
20354 Hamburg

Hospizpraxis:
Beratungsstelle Hospiz (mit Auskünften über Hospizgruppen)
Domsheide 2
28195 Bremen

BAG Hospiz
Steinweg 54
06110 Halle / Saale

Deutsche Hospizhilfe e.V.
Reit 25
21244 Buchholz

Hospiz-Bildungs-Werk der IGSL e.V. (Internationale Gesellschaft für Sterbebegleitung und Lebensbeistand e.V.)
Im Rheinblick 16
55411 Bingen / Rhein

Deutsche Gesellschaft für Palliativmedizin e.V. (DGP)
Joseph-Stelzmann-Straße 9
50924 Köln

Eine aktuelle Liste von Hospizen und Palliativstationen befindet sich in o.g. Buch von B. Bohnhorst.

3. Todesrituale und Trauerbräuche verschiedener Religionen und Kulturen

3.1 Der Tod als soziales Ereignis

Wenn ein Mensch stirbt, muss der Tod zunächst von den nahen Angehörigen, die im direkten Kontakt mit ihm standen, individuell verkraftet werden. Darüber hinaus muss aber auch das weitere soziale Umfeld eine Form der Trauer finden, um den Tod verarbeiten zu können. Das Erlebnis des Sterbens bedeutet sowohl für den Einzelnen als auch für das gesamte soziale Gefüge eine gravierende Erschütterung und Verunsicherung. Sterben, Tod und Trauern sind insofern auch als soziale Ereignisse zu begreifen und erfordern soziales Handeln.

Mit dem Tod sind zu allen Zeiten, in allen Kulturen und Gesellschaften bestimmte Bräuche und Rituale verbunden und auch die Trauer um die Verstorbenen wird von Brauchtum, Ritualen und Verhaltensvorschriften mitbestimmt. Anthropologisch (Anthropologie = die Wissenschaft vom Menschen und seiner Entwicklung) werden die Rituale um den Tod zu den Übergangsriten gezählt.

Der französische Ethnologe und Volkskundler *Arnold van Gennep* prägte mit seinem Werk »*Les Rites de Passage*« von 1909 diesen Begriff des Übergangs und bezeichnet damit die besonderen Bräuche und Rituale, die sich an einen lebensgeschichtlichen Übergang (z. B. Geburt, Übergang eines Jugendlichen zum Erwachsenen, Tod) knüpfen. *Van Gennep* fand heraus, dass die allgemeinen Verhaltensmuster bei Todesfällen überall auf der Welt große Ähnlichkeiten aufweisen, trotz aller kulturellen Unterschiede.

Der Ritus wird nach *van Gennep* in drei Phasen unterteilt. Die erste Phase wird durch den Todeseintritt bestimmt, mit dem der Verstorbene sowie die Hinterbliebenen von ihren bisherigen sozialen Bezügen getrennt werden. Der Tote hat das Leben verlassen, er nimmt nicht mehr daran teil. Die Hinterbliebenen müssen sich verabschieden und sich aus ihrer Bindung zum Verstorbenen lösen.

Übergangsritus

Die zweite Phase nennt *van Gennep* die marginale Phase. Sie wird auch als Zwischenzustand oder Zwischenraum bezeichnet, in dem zunächst Ungeordnetheit und Chaos herrschen, aber auch schon Ansätze zu einer neuen Ordnung entwickelt werden. Die Hinterbliebenen befolgen bestimmte vorgeschriebene Verhaltensweisen. So tragen sie spezielle Kleidung oder vollziehen besondere Handlungen. Die »Seele« des Toten begibt sich dem jeweiligen religiösen Glauben nach entweder auf eine lange Reise oder verbleibt rastlos und entwurzelt in der Nähe des Hauses bzw. des Leichnams.

Phasen nach van Gennep

Innerhalb der dritten Phase kehren die Hinterbliebenen zu ihrem vorherigen Sozialstatus zurück bzw. nehmen ihre neue Rolle ohne den Verstorbenen in ihrer Gruppe und Gesellschaft ein.

Der Tote gelangt während dieser Zeit an sein endgültiges Ziel im »Jenseits« oder »Totenreich«.

Besiegelt und abgeschlossen wird dieser Prozess durch ein besonderes Ritual: die Bestattung des Leichnams.

3.2 Sinn und Motivation von Bestattungsritualen

Hinsichtlich des Sinns und der Motivation von Bestattungsbräuchen haben unterschiedliche Forscher verschiedene Theorien entwickelt. Zwei konträre Ansätze seien hier beispielhaft dargestellt. Beide Ansätze gehen zunächst davon aus, dass der Tod als soziales Ereignis im Leben der

Tod als Grenz-erfahrung

Hinterbliebenen starke und widersprüchliche Gefühle hervorruft. Einerseits Angst, Schmerz und Schrecken, andererseits aber auch die Zugehörigkeit, Verbundenheit und Liebe zum Verstorbenen. Einerseits besteht also die Notwendigkeit, Abschied zu nehmen und bestehende Bindungen zu durchtrennen, andererseits kann aber auch der Wunsch vorhanden sein, an der Bindung festzuhalten, den Tod als absolute Grenze nicht wahrhaben und akzeptieren zu wollen.

Der Anthropologe *Bronislaw Malinowski* (geboren 1884, gestorben 1942) vertrat die Ansicht, dass die Bestattung als soziales Ereignis zum Abbau emotionaler Spannungen bei den Hinterbliebenen beitrage, also die Wiederanpassung an die Lebensbedingungen ohne den Verstorbenen erleichtern solle. Seiner Meinung nach findet die Ambivalenz der mit dem Tod aufbrechenden Gefühle ihren Ausdruck in Bestattungsritualen, »*die die natürlichen Gefühle der Überlebenden bekräftigen und wiederholen: Sie erschaffen aus einem biologischen Faktum ein gesellschaftliches Ereignis.*«

Malinowski war der Auffassung, dass die Rituale und die damit verbundene religiöse Bedeutung »*die zentrifugalen Kräfte der Furcht, Bestürzung und Demoralisierung*« auffangen und ihnen entgegenwirken sollten. Weiterhin, dass sie »*die machtvollsten Mittel zur Wiederherstellung der erschütterten Solidarität der Gruppe und ihrer Moral*« darstellten. (vgl. Innes, S. 59) Nach diesem Verständnis erscheint das Bestattungsritual in erster Linie als eine Art Trauerhilfe für die Hinterbliebenen.

Das Bestattungs-ritual als Trauerhilfe

Der Soziologe *Emile Durkheim* (geboren 1858, gestorben 1917) entwickelte eine gegensätzliche Theorie, die besagt, dass die gesellschaftlich vorgeschriebenen Ausdrucksformen der Trauer oft im Widerspruch zur Intensität individueller Gefühle stehen können. Dadurch würden im Vollzug des Bestattungsrituals vorab bestehende Spannungen eher intensiviert und bestätigt, nicht aber aufgelöst. Der Zweck eines Rituals bestünde nicht in der Freigabe emotionalen Ausdrucks, um das verlorene emotionale Gleichgewicht wieder herzustellen, sondern darin, Gefühle erst zu schaffen und hervorzurufen; auch da, wo sie vorher vielleicht gar nicht in der geforderten und gesellschaftlich festgelegten Form vorhanden waren.

Nach *Durkheim* geht es im Ritual darum, bestimmte festgelegte Gefühle vor anderen zu zeigen und auszudrücken, womit letztlich die bestehenden Werte der jeweiligen Gesellschaft bestätigt und bekräftigt würden. So dienten beispielsweise die öffentlichen Trauerbezeugungen einer Witwe, die von haltlosem Weinen über Selbstverstümmelung bis hin zur Gefolgschaft in den Tod auf dem Scheiterhaufen ihres verstorbenen Ehemanns reichen können, weniger dem emotionalen Spannungsausgleich, als vielmehr der Absicherung hochbewerteter ehelicher Verbindungen. Das Bestattungsritual befestigt nach dieser Auffassung die Grundwerte der jeweiligen Gesellschaft.

Heute wird von vielen Psychologen eine gemäßigte Position zwischen diesen beiden theoretischen Ansätzen vertreten. Danach können die Rituale den Gefühlen der Hinterbliebenen durchaus entsprechen, sodass diese Ausdruck finden. Insofern leisten Rituale tatsächlich Unterstützung in der Trauerbewältigung. Zum anderen sind aber die Rituale teilweise so starr und stark vorgegeben, dass sie bestimmte Gefühle, die vielleicht vorher nicht existierten, erst hervorrufen. Die Hinterbliebenen können damit in einen zusätzlichen Konflikt geraten, da sie sich als nicht-konform erleben. Zusätzlich kann es zu Abwehrreaktionen kommen, die dann für den Trauerprozess hinderlich wären.

Man ist sich weiter darüber einig, dass die Bestattungsbräuche in aller Welt eine gewisse Ambivalenz aufweisen: Zum einen kommen instinktive Furcht vor dem Tod und auch vor den Toten zum Ausdruck; zum anderen zeigt sich in den Bräuchen auch das Bedürfnis, eine gewisse Verbindung zum Toten aufrechtzuerhalten.

Diese ambivalenten Empfindungen in Bezug auf den Verstorbenen und das Erlebnis des Todes lassen sich während der gesamten Trauerzeit und der drei Phasen des Übergangs beobachten.

3.3 Gemeinsamkeiten und Unterschiede von Bestattungsritualen

In der Stunde des Todes sind überall auf der Welt bestimmte Rituale vorgesehen und zu beachten, die den Sterbenden den Übergang vom Leben zum Tod erleichtern sollen. Ist der Tod eingetreten, so ist es in weiten Teilen Europas auch heute noch üblich, alle Uhren im Haus anzuhalten und das Feuer in Kamin oder Ofen zu löschen. Spiegel werden mit Tüchern verhängt, um die »Seele« oder den Geist des Verstorbenen, der nach Eintritt des Todes zunächst weiter in der Nähe des Leichnams vermutet wird, nicht zu verwirren. Dieser Seele oder diesem Geist soll der Übergang ins Jenseits möglichst leicht gemacht werden. Aus diesem Grund öffnet man z. B. auch ein Fenster. Dann wird der Tote meistens gewaschen, gepflegt, vielleicht eingeölt, besonders gekleidet oder in ein spezielles Leichentuch gehüllt und zum Teil zur Verabschiedung aufgebahrt. Das Waschen und Pflegen des Leichnams ist zum einen ein letzter »Liebes- oder Ehrerweis« und dient zum anderen auch der spirituellen Reinigung. Alles was dem Toten aus seinem irdischen Leben noch anhängt, vor allem Schuld, soll abgewaschen werden. In diesem Sinne wird auch die Besprengung mit Weihwasser durch katholische Geistliche verstanden: Der Tote wird von seinen »Sünden« reingewaschen und kann sich damit leichter aus dem Diesseits lösen.

Obwohl der Leichnam einerseits als Quelle der Verunreinigung und Ansteckungsgefahr gilt (weshalb es in einigen Religionen notwendig erscheint, sich als Hinterbliebener bestimmten Reinigungszeremonien zu unterziehen), wird er doch andererseits auch von den Trauernden berührt und geküsst, die sich auf diese Weise vom Toten verabschieden.

Zusätzlich werden oft Kerzen, Blumen und andere rituelle Objekte aufgestellt. Soziale Bräuche erfordern in dieser Situation von den Hinterbliebenen einen Ausdruck ihrer Trauer oder auch religiöse Zeremonien und Feierlichkeiten.

Bestattungsrituale sind daraufhin angelegt, den Toten auf den Weg zu seinem letzten Bestimmungsort zu bringen, die Reise also anzutreten, gleichzeitig entledigt man sich so des Toten und verhindert seine unwillkommene Rückkehr. Gebete, Bewirtung mit Speisen, Totenwache, letzte Zwiesprache und weiteres mehr sollen die Wirklichkeit des Abschiedes bekräftigen.

In einigen Kulturen werden dem Verstorbenen zusätzlich Gebrauchsgegenstände oder Wegzehrung mit ins Grab gegeben und seine übrigen Besitztümer zerstört, damit er sich in seiner neuen Welt zurechtfindet und keinen Anlass zur Rückkehr sieht. Gleichzeitig hat dies den praktischen Sinn, dass so Erbschaftsprobleme umgangen werden und die endgültige Trennung der Toten von der Welt der Lebenden unterstützt wird.

Durch die zivile oder kirchliche Gesetzgebung ist häufig eine genaue Zeitspanne festgelegt, die zwischen Todeseintritt und Beisetzung des Leichnams verstreichen soll. Im Hinblick auf die Bestattung des Leichnams kann es innerhalb einer Kultur mehrere statthafte und erlaubte Möglichkeiten geben. Die jeweiligen Zeremonien sind dabei unter anderem durch die soziale Position des Verstorbenen und die Todesumstände mit bedingt.

Ambivalenzen gegenüber dem Tod und den Toten

Die vermutlich älteste Methode der Bestattung besteht darin, die Leiche in der Erde zu vergraben. Dies belegen Hinweise auf Bräuche prähistorischer, aber auch heute lebender Stammeskulturen. Der Leichnam wurde dabei oft in Schlafposition gelegt oder in eine embryonale Lage gebracht, was möglicherweise dem Glauben an eine Wiedergeburt entspricht. Der Glaube an eine Art Leben nach dem Tod äußert sich auch darin, dass den Toten Speisen, Schmuck, Gebrauchsgegenstände, Waffen oder manchmal sogar die Leichname von Bediensteten mit ins Grab gegeben wurden.

Die Feuerbestattung ist die im Hinduismus und größtenteils auch im Buddhismus bevorzugte und auch heute praktizierte Bestattungsmethode. Im Judentum und Islam war und ist diese Art der Bestattung dagegen aus verschiedenen Gründen untersagt. Durch den Erhalt des Körpers sollte innerhalb dieser Religionen die leibliche Wiederauferstehung gewährleistet und außerdem Totenkult und Totenverehrung ermöglicht werden. Im urzeitlichen Europa wurde die Feuerbestattung gegen Ende des Bronzezeitalters praktiziert. Sie löste die bis dahin übliche Beerdigung ab (dies schließt man aus der Entdeckung von Urnenfriedhöfen aus dieser Zeit).

Während des griechischen und römischen Zeitalters wurde die Feuerbestattung weitgehend beibehalten, bis sich mit der Ausbreitung des Christentums die alten jüdischen Bräuche durchsetzten.

Im alten Ägypten, bei den Inkas und den australischen Aborigines wurde die Mumifizierung von Leichen praktiziert. Die Einbalsamierung von Toten (z. B. Lenin und Stalin in Moskau) dient(e) ähnlichen Zwecken: der Verehrung Verstorbener lange über ihren Tod hinaus.

In manchen Kulturen (Mandan-Indianer, orthodoxe Parsen) war es im Verlauf der Geschichte auch üblich, die Toten im Freien aufzubahren, wo weder Erde noch Feuer oder Wasser mit den Leichen in Berührung kamen.

Als weitere Form der Bestattung ist die Seebestattung zu nennen. Zunächst wurde sie nur bei Seeleuten angewendet, da es schwierig oder unmöglich war, einen Leichnam über eine längere Seereise hinweg zu konservieren. Gleichzeitig schwangen aber auch immer schon Anklänge an einen magischen Glauben mit. So hieß es, dass ein Toter an Bord schlechtes Wetter oder ungünstigen Wind bringe. »*Ein ganz anderes Argument für Seebestattungen machte der Neuengländer Samuel Baldwin geltend. Am 20. Mai 1736 wurde sein Leichnam auf seine ernste Bitte hin den Wellen vor der Küste New Hampshires anvertraut, und zwar ausdrücklich um den Wünschen seiner Frau zuwiderzuhandeln. Während ihrer häufigen ehelichen Auseinandersetzungen hatte sie ihm versichert, dass sie sich bereits darauf freue, auf seinem Grab zu tanzen.*« (vgl. *Innes*, S.63)

Bei einigen Pazifikvölkern wurden und werden ganze Küstenstriche zu Friedhöfen erklärt. Man hüllt dort die Leichname in Planen und beschwert sie mit Steinen.

Auf den Salomoninseln legt man die Toten auf Riffe, wo sie von den Haien beseitigt werden.

Auch Kannibalismus als Form der Leichenbeseitigung bzw. Einverleibung der Toten war im pazifischen Raum gebräuchlich und galt als sicherer Weg, die Verbindung zum Verstorbenen aufrechtzuerhalten (»Ihre Friedhöfe sind ihre Bäuche«).

Nach einem alten walisischen Brauch kennt man die Tradition des »Sündenessers«, wonach jemand ins Haus bestellt wird, der symbolisch die Sünden des Toten verzehren muss.

Erdbestattung als älteste Form der Beisetzung

Feuerbestattung

Mumifizierung

Allen Bestattungsritualen ist gemeinsam, dass sie der Trennung zwischen Toten und Lebenden Ausdruck geben sollen. Gleichzeitig bieten die Bestattungsorte (Friedhöfe) eine Möglichkeit, eine Art von Kontakt herzustellen, und sei es, dass man auf einer Seekarte den Ort kennzeichnet, an dem jemand im Meer bestattet wurde. Die Kontrolle über die Kontaktsuche liegt dann ganz bei den Hinterbliebenen. Wege, mit dem Toten in Kontakt zu bleiben, vollziehen sich auf rein spiritueller Ebene (wie Ahnenkulte, Schutzgeister in China und anderen Kulturen).

Bis in die heutige Zeit hat sich in unseren westlichen Industriegesellschaften das Bedürfnis erhalten, die Hinterlassenschaften eines Verstorbenen, dessen Taten oder dessen Leben als verehrungswürdig angesehen werden, zu sehen, zu besuchen und zu berühren. Exemplarisch dafür sind die Massen vieler tausend Menschen, die sich jedes Jahr beispielsweise an den Grabmälern von Heiligen einfinden.

3.4 Bestattungsrituale und Trauerbräuche in verschiedenen Kulturen

Bestattungsrituale spielen eine wichtige Rolle im Trauerprozess. Im Folgenden werden die Zeremonien, die anlässlich des Todes in unterschiedlichen Kultur- und Religionsgemeinschaften wichtig erscheinen, vorgestellt. Die vorgestellten Rituale stellen eine Auswahl dar und behandeln nur einige ausgewählte Aspekte. Zum Teil sind sie historischen Datums, größtenteils existieren sie aber auch heute noch.

3.4.1 Altes Ägypten

Bei reichen und bedeutenden Ägyptern und ihren Familienangehörigen war die Mumifizierung des Leichnams üblich.

Die inneren Organe wurden dabei, mit Ausnahme des Herzens, durch einen Schnitt in der Bauchdecke entfernt, das Hirn aus dem Schädel präpariert, separat konserviert und in Krüge gefüllt, die in einer Truhe verschlossen wurden.

Der Körper wurde siebzig Tage lang getrocknet, aufgebahrt und mit Bandagen umwickelt. Die Mumie wurde bemalt und vergoldet und dann in den innersten einer Reihe ineinander geschachtelter Särge gelegt.

Am Tag der Beisetzung stellte man den Sarg auf einen Schlitten, dem zuerst die trauernde Witwe und eine weitere trauernde Angehörige zum Nil folgten. Diese beiden Trauernden verkörperten die Göttinen Isis und Nephtys. Am Fluss wurde der Sarg mit einem Boot zum Westufer transportiert und dort zur Grabstätte gezogen. Hier richtete man den Sarg auf, während ein Priester das so genannte »Mundöffnungsritual« vollzog, das den Mund des Toten für die mitgegebenen Speisen und Getränke öffnen sollte. Abschließend wurde der Sarg in die Grabkammer hinabgelassen, dabei zerrissen die weiblichen Hinterbliebenen ihre Kleider und streuten sich Asche auf ihre Köpfe.

Die konservierten Organe und Grabbeigaben wurden von Bediensteten ins Grab gebracht. Unverzichtbar war unter anderem ein Kasten mit vielen kleinen Tonfiguren. Diese sollten den Platz des Toten einnehmen, falls er im Totenreich zur Arbeit aufgefordert würde.

Grabbeigaben

3.4.2 Altes Rom

Was mit dem Leichnam eines römischen Bürgers passierte, hing zunächst von seinem Wohlstand und seiner sozialen Stellung in der Gesellschaft ab. Sklaven und die Armen wurden mit geringem Aufwand ohne Zeremoniell auf einem öffentlichen Friedhof begraben. Wer genug Geld hatte, gehörte zu einer der gemeinschaftlichen Beisetzungsgesellschaften,

Katakomben

die das Katakombensystem entwickelt hatten. Wohlhabende Familien besaßen entlang der Handelsstraßen, die aus der Stadt hinausführten, eigene Grabstätten (z. B. an der Via Appia).

Wenn der Tod eintrat, wurde der Name des Verstorbenen laut ausgesprochen. Wenn er nichts darauf erwidern konnte, wurde er für tot erklärt (heute weiterhin als Ritual beim Tod eines Papstes praktiziert). Der Tote wurde dann gewaschen und in eine Toga gehüllt, soweit er als Bürger dazu berechtigt war. Gleichzeitig musste der Tod den zuständigen Verwaltungsstellen angezeigt werden, die Bei-

Öffentlichkeit

setzungsfeierlichkeiten wurden öffentlich bekanntgegeben.

Am Tag der Bestattung zog die Prozession der Hinterbliebenen zuerst zum Forum; manchmal begleitet von bezahlten Schauspielern und Narren, teilweise fanden sogar Gladiatorenkämpfe statt (»Beim Begräbnis des Publius Licinius im Jahr 183 n. Christus kamen 120 Männer beim Schaukampf ums Leben«. vgl. Innes, S.64). Im Forum wurden dann von Familienangehörigen und Freunden Lobreden auf den Verstorbenen gehalten. Anschließend begab sich die Prozession zum Ort der Beisetzung außerhalb der Stadt. Die Grabmäler trugen Inschriften mit biografischen Informationen über die Toten und wurden häufig mit Portraitbüsten geschmückt.

Später, als sich die Einäscherung durchgesetzt hatte, wurde meistens ein kleiner Teil des Körpers zurückbehalten und konserviert, gewöhnlich ein Knochen des kleinen Fingers.

öffentliche und private Trauerzeit

Neun Tage betrug die öffentliche Trauerzeit, nach deren Ablauf am Grab Totengaben dargeboten wurden. Außerdem wurde im Haus des Verstorbenen ein Festmahl abgehalten.

Die private Trauerzeit innerhalb der Familie dauerte bis zu zehn Monaten. Die Römer glaubten nicht daran, dass die Seelen der Verstorbenen sich an einen fernen Ort begaben, sondern dass sie als Geister in der Nähe, unter den Lebenden blieben. Jedes Jahr wurde zu Ehren der Verstorbenen ein Fest abgehalten.

3.4.3 Hinduismus

Im Hinduismus werden die Zeremonien, die mit dem Tod im Zusammenhang stehen, als sehr wichtig und bedeutsam angesehen. Sie sind dabei von Vorstellungen über die Seele (Atman) und ihre Reinkarnation bestimmt. Der Vorstellung nach verlässt die Seele den Leib und materialisiert sich in einem neuen Körper. Dabei strebt die Seele eine immer »höhere« Verkörperung an, bis sie schließlich im »Nichts« aufgeht und Erlösung findet. Hierin liegt nach hinduistischem Glauben das Ziel jeglicher Existenz.

Die auszuführenden Rituale sind lang und kompliziert und variieren nach Kastenzugehörigkeit, sind also auch hier abhängig von der sozialen Stellung in der Gesellschaft. Nur ein Sohn kann alle notwendigen Bestattungsrituale so ausführen, dass der Aufstieg der Seele des Verstorbenen gewährleistet ist, weshalb alle gläubigen Hindus auf die Geburt mindestens eines Sohnes hoffen.

Wenn der Tod bevorsteht, versammeln sich die Angehörigen und die Priester (Brahmanen) werden gerufen. Der Sterbende sollte möglichst noch eine heilige Kuh berühren, die dann dem höchsten Brahmanen als Geschenk überreicht wird. Im Augenblick des Todes sollte der Sterbende über ein möglichst klares Bewusstsein verfügen, denn die Art und Weise der Wiedergeburt hängt sowohl vom Lebensstil als auch vom Bewusstseinszustand im Augenblick des Todes ab. Dies wird unter anderem unterstützt durch das Berühren eines heiligen Tieres. Sowohl den Verstorbenen als auch die hinterbliebenen Angehörigen betrachtet man als vom Tod verunreinigt, weshalb sie sich verschiedenen Reinigungsritualen unterziehen müssen. Der Leichnam wird gewöhnlich durch eine Feuerbestattung eingeäschert, die nach Möglichkeit am heiligen Ganges stattfinden sollte.

Über den Umgang mit dem Leichnam herrschen strikte Regeln, etwa wie er umwickelt werden muss und wie sich das Grabgeleit zu verhalten hat. Ebenso strenge Richtlinien sind im Hinblick auf die Plazierung des Scheiterhaufens und des dabei zu verwendenden Holzes zu beachten.

Über Jahrhunderte wurde auch der grausame Brauch der Witwenverbrennung praktiziert, wobei von der trauernden Witwe erwartet wurde, dass sie ihrem verstorbenen Ehemann in den Feuertod folgte. 1829 wurde diese Sitte von den Briten in Indien zwar verboten und für illegal erklärt, insgeheim wurde sie aber in abgelegenen Gegenden bis vor nicht allzu langer Zeit weiter praktiziert.

Nach der vollzogenen Feuerbestattung gelten die Hinterbliebenen noch weitere zehn Tage als unrein und müssen sich während dieser Zeit von anderen Menschen fernhalten. Insgesamt unterliegt das Verhalten der Angehörigen komplizierten Richtlinien und Bestimmungen. So müssen täglich Zeremonien ausgeführt werden, die es der nun befreiten Seele des Verstorbenen ermöglichen sollen, einen neuen spirituellen Körper zu finden. Gleichzeitig erweist man dem Verstorbenen Ehre, indem man sein Bild aufstellt, es mit Blumen umkränzt und ihm Speisen wie Milch, Wasser und Reisbällchen bereitgestellt. Werden diese Rituale vernachlässigt, bleibt nach hinduistischer Überzeugung die Seele als Geist unter den Lebenden gefangen.

Nach Ablauf der Reinigungszeit findet später eine zweite Bestattung statt, bei der die Knochen und Asche des verbrannten Leichnams in Urnen gefüllt und dem Fluss übergeben werden.

3.4.4 Buddhismus

Innerhalb des Buddhismus existieren verschiedene Glaubensrichtungen, die viele unterschiedliche Bestattungsrituale ausgeprägt haben. Die gebräuchlichste Form ist die Feuerbestattung, es kommen aber auch Einbalsamierungen und Luftbestattungen vor. Im Buddhismus wird es für sehr wichtig gehalten, dass sich der Sterbende gründlich auf den Tod vorbereitet, denn der Tod wird nicht als Ende, sondern als Beginn einer neuen Existenz – als ein Übergang – betrachtet. Nur die wahrhaft Erleuchteten können darauf hoffen, ins Nirvana einzugehen und so dem Kreislauf des Lebens auf der Erde zu entrinnen.

Viele Rituale zeugen vom Wunsch der Hinterbliebenen, das kommende Schicksal des Verstorbenen möglichst günstig zu beeinflussen. So werden verdienstvolle Taten im Namen des Toten vollbracht und Mantras (religiös-meditative Texte und Weisheiten) werden mit der Bitte um Gnade für die Seelen der Verstorbenen rezitiert. Totenwachen sind allgemein üblich, oft wird zusätzlich ein ausführliches Tempelritual mit Weihrauch, Glaubensbekenntnissen und der Anrufung des Buddha praktiziert.

In China und Japan, deren Religionen sich aus dem Buddhismus entwickelten, ist es zum Teil immer noch üblich, bei Bestattungen weiße Kleidung zu tragen.

In Tibet spielt das Totenbuch (Bardo Thödol) eine bedeutende Rolle bei den Ritualen und Zeremonien. Ein Lama (buddhistischer Mönch oder Meister) liest am Sterbebett laut daraus vor, um den Sterbenden auf die (schwierigen, furchtbaren) Erfahrungen während der neunundvierzig Tage zwischen Tod und Wiedergeburt vorzubereiten. Der Sterbende soll dabei so lange wie möglich bei Bewusstsein bleiben, weshalb er in die »Löwenposition« des Yoga auf die rechte Seite gelegt und gleichzeitig seine Halsschlagader massiert wird.

Ist der Tod eingetreten, wird das Gesicht mit einem weißen Tuch bedeckt, Türen und Fenster werden verhängt und der Lama untersucht den Toten abschlie-

Vorbereitung auf den Tod

Totenwachen

Tibetisches Totenbuch

ßend, was ein bis vier Tage dauern kann. Danach wird der Tote in eine Ecke des Raumes gesetzt und die Angehörigen versammeln sich, gemeinsam mit dem Verstorbenen, zum »Leichenschmaus«, um Abschied voneinander zu nehmen. Ist dieses Abschiedsritual vollzogen, wird der Leichnam verbrannt und die Asche übers Land, in das Meer oder einen Fluss gestreut. Im tibetischen Buddhismus werden die Urnen mit der Asche besonderer Meister in Stupas eingemauert. Stupas sind Gebäude zur Aufbewahrung von Reliquien. Zum Zeichen der Verehrung werden Stupas von den Anhängern umschritten, die dabei Mantras sprechen.

Mancherorts wird auf die Einäscherung verzichtet und der Leichnam wird in den Bergen den Einflüssen der Natur überlassen.

3.4.5 Judentum

Im alten Testament werden viele Bestattungs- und Trauerrituale der frühen jüdischen Gemeinschaften beschrieben, etwa das Zerreißen von Kleidung oder auch Formen der Selbstverstümmelung, die vermutlich von älteren Völkern übernommen worden waren und später wieder verboten wurden.

Die bevorzugte Art der Bestattung ist die Beerdigung, vorzugsweise im Land Israel, bei den Vorfahren. Kein ordentliches Begräbnis zu bekommen, galt im Judentum als besondere Schande. Außerdem waren Klagerituale am Grab von beinahe ebenso großer Wichtigkeit wie die Beerdigung selbst.

Im modernen Judentum sind viele alttestamentarische Bräuche erhalten geblieben. Insgesamt zeichnet sich die jüdische Beisetzung durch Einfachheit und Schlichtheit aus. Ein Sterbender, der den Tod kommen fühlt, bekennt seine Sünden und spricht das »Sch'ma Israel« (»Höre o Israel, den Herrn, unseren Gott, der Herr ist eins«), eines der wichtigsten Gebete des Judentums.

Der Leichnam wird auf dem Boden aufgebahrt und während der Zeit der Aufbahrung werden Psalmen rezitiert, insbesondere Psalm 91. Dann wird der Leichnam gewaschen und in weiße Leinentücher gehüllt. Bei diesen Verrichtungen spielen oft »Heilige Bruderschaften« eine Rolle. Sie setzen sich aus Mitgliedern freiwilliger oder gewerblicher Organisationen zusammen. Der in Tücher gehüllte Leichnam wird in einen einfachen Holzsarg gelegt, manchmal auch ohne Sarg direkt ins Grab. Wird der Verstorbene nicht in Israel beerdigt, wird doch, soweit möglich, immer eine Handvoll Erde aus Israel mit ins Grab gestreut. Die anschließende Andacht besteht aus Psalmen, Lobreden auf den Toten, Gebeten für den Frieden seiner Seele und dem Rezitieren des »Kaddisch«, eines besonderen Totengebets zum Lob Gottes.

Nach der Zeremonie nehmen die Hinterbliebenen zusammen eine einfache Mahlzeit ein, die Nachbarn oder Freunde für sie zubereitet haben.

In orthodoxen jüdischen Familien zerreißen die nächsten Angehörigen ihre Oberbekleidung und verbringen sieben Tage im Haus, wo sie auf niedrigen Hockern sitzen müssen. Die Trauerzeit dauert zwischen einem Monat und einem Jahr. Die Phasen der Rückkehr von Angehörigen in ihr alltägliches Leben werden als Spiegelbild der Annäherung der Seele des Verstorbenen ans Jenseits aufgefasst.

3.4.6 Christentum

Im frühen Christentum gehörte der Ausdruck von Trauer um die Toten nicht zu den Begräbnisritualen, da man glaubte, dass der Tote bei Gott seine endgültige Erlösung erwarte – und das Begräbnis gab entsprechend eher Anlass zur Freude. Die Hinterbliebenen trugen weiße statt schwarze Kleidung.

Ab dem 8. Jahrhundert nahm die Furcht vor dem Tod zu, sodass nun bereits

»Leichenschmaus«

Stupas

Klagen am Grab

schwarz getragen wurde und man Gebete für die Erlösung der Seele des Verstorbenen sprach. Erst im späten Mittelalter setzten sich allmählich die bis heute bekannten Formen der Beisetzungsrituale durch.

Die christlichen Bräuche unterscheiden sich je nach Kirchenzugehörigkeit und christlicher Glaubensrichtung (katholisch, protestantisch, griechisch- oder russisch-orthodox) erheblich, doch gibt es auch Gemeinsamkeiten. Die protestantischen Formen sind meistens veränderte und vereinfachte Versionen ihrer katholischen Vorläufer.

Zu einem römisch-katholischen Sterbenden wird ein Priester gerufen, um die Beichte abzunehmen. Nach der Buße erteilt der Priester die Absolution (Vergebung) und führt die Krankensalbung durch. Schließlich feiert man gemeinsam Eucharistie.

Auch zu einem protestantischen Sterbenden kann eine Pfarrerin gerufen werden. Der Sterbende kann beichten, wenn er dies möchte. Beichte und Krankensalbung ist im protestantischen Glauben, anderes als im katholischen, kein Sakrament. Anschließend kann dann auch gemeinsam mit den Angehörigen Abendmahl gefeiert werden. Eucharistie und Abendmahl dienen als Zeichen der Gemeinschaft der Menschen untereinander und der Menschen mit Gott. Darüber hinaus bedeuten sie die Vergebung aller Schuld vor Gott. Dem Sterbenden möchte man aber auch noch geistliche Nahrung und Stärkung mit auf den vor ihm liegenden Weg geben.

Es können freie oder vorformulierte Gebete gesprochen werden. In der Regel wird man das »Vater-unser« sprechen. Außerdem wird mit den verschiedenen Glaubensbekenntnissen dem christlichen Glauben Ausdruck verliehen.

In der katholischen Kirche werden vor der Beisetzung Totengebete gesprochen und am Tag der Beerdigung wird eine Form des Requiems rezitiert. Gleichzeitig wird der Leichnam im Sarg mit Weihrauch gesegnet und mit Weihwasser besprengt. Hiermit kennzeichnet man die symbolische Reinigung des Toten, außerdem wird damit an die Taufe erinnert.

Während des Gemeindegottesdienstes am Sonntag nach dem Todesfall ist es üblich, an den Verstorbenen zu erinnern. Es wird ein kurzes Gebet für den Verstorbenen und für die Angehörigen wird ebenfalls ein Fürbittgebet gesprochen.

Gottesdienst
Fürbitte

Die Trauerandacht während der Beisetzung kann in unterschiedlicher Form abgehalten werden und wird neben einer Ansprache durch den Pfarrer oder die Pastorin durch Reden oder andere Beiträge von Angehörigen oder Freunden ergänzt. Danach wird der Leichnam in einer einfachen Zeremonie zu Grabe getragen und beerdigt oder eingeäschert.

Trauerandacht

Nach der Bestattung wird zum Teil immer noch zum so genannten »Leichenschmaus« geladen. Hierin soll zum einem der Gemeinschaft Ausdruck gegeben werden, zum zweiten soll deutlich gemacht werden, dass man sich wieder dem Leben zuwendet und sich vom Toten trennen muss.

»Leichenschmaus«

Feuerbestattung war lange Zeit für Christen verboten und in Europa auch gesetzlich untersagt, weil sie dem Glauben an eine Auferstehung des Leibes widersprach. Erst im Laufe des 19. Jahrhunderts wurde sie für die Protestanten erlaubt. Die katholische Kirche hob das Verbot 1964 auf. Dies hatte zum Teil ganz pragmatische Gründe: Die Friedhöfe waren überfüllt und es entstanden gravierende Grundwasserprobleme.

Eine Besonderheit griechisch-orthodoxer Beisetzungen besteht darin, dass die Verstorbenen zunächst nur für drei bis vier Jahre begraben werden. Danach erfolgt eine zeremonielle Exhumierung in Anwesenheit eines Priesters. Die Knochen werden manchmal mit Wein gewaschen, an der Sonne getrocknet, in einen Sarg

griechisch-orthodoxe Beisetzung

gelegt und in einer Sammelgrabstätte, dem so genannten Kolumbarium, beigesetzt.

3.4.7 Islam

»Jüngstes Gericht«

Ein sterbender Muslim sollte seinen Glauben mit den Worten »Es gibt keinen Gott außer Allah und Mohammed ist sein Prophet« bekennen. Dann lesen die Anwesenden aus dem Koran die 36. Sure, in der das »Jüngste Gericht« thematisiert wird. Nach islamischer Auffassung wird jeder Mensch vor den Richterstuhl Gottes gestellt und dieser entscheidet darüber, ob jemand ins ewige Paradies oder in die ewige Verdammnis eingeht.

Ist der Tod eingetreten, wird der Leichnam in Richtung Mekka aufgebahrt und nach vorgeschriebenen Regeln gewaschen. Die Augen werden geschlossen, die Füße aneinander gebunden, Körperöffnungen werden mit Baumwolle verschlossen und der ganze Körper wird mit Rosenwasser und Kampfer gewaschen. So gereinigt, wird der Tote anschließend in Tücher gehüllt, deren Anzahl immer ungerade sein muss. Farbe und Anzahl variieren jedoch. Dann wird das Totenge-

Totengebet

bet »Salat Aldjinaza« gesprochen. Meistens findet auch eine Totenwache statt, wobei manchmal eigens zu diesem Zweck bestellte Männer passende Koranstellen verlesen.

Die Bestattung soll möglichst rasch, innerhalb von vierundzwanzig Stunden, erfolgen. Auf einer Totenbahre wird der Verstorbene von Männern zum Grab getragen, während eine Prozession von Hinterbliebenen dem Sarg zu Fuß folgt. Das Grab wird sehr tief ausgehoben, weil man annimmt, dass der Tote dort im Grab, aufrecht sitzend, von den Engeln Munkar und Nakir auf Glaubensfestigkeit geprüft wird. Zur Vorbereitung flüstern zwei Fiqis (Lehrmeister) dem Verstorbenen die korrekten Antworten auf die Prüfungsfragen der Engel zu. Der Leichnam wird mit dem Gesicht gen Mekka auf die rechte Seite gelegt.

Manchmal wird ein Schal zerrissen, drei Handvoll Erde werden von den Angehörigen ins Grab geworfen und die 112. Sure wird rezitiert.

Dann wird das Grab geschlossen und in der Nacht nach der Beerdigung betreten nach islamischem Glauben die beiden Engel das Grab, prüfen den Toten und entscheiden, ob er ins Paradies gelangt oder ob seine Qualen bis zum Ende der Welt fortdauern werden. Nach islamischer Tradition sollte am Grab nicht öffentlich geklagt, auch sollten keine Lobreden gehalten und auf Inschriften und Grabschmuck sollte verzichtet werden. Freunde und Nachbarn sind zu Kondolenzbesuchen bei den Hinterbliebenen verpflichtet. Die Frauen klagen drei Wochen lang an jedem Donnerstag und gehen freitags gemeinsam zum Grab, was einige Jahre beibehalten werden kann.

3.4.8 Afrikanische Religionen

Die afrikanischen Glaubensrichtungen besitzen – anders als die sogenannten Weltreligionen – keine schriftlichen Überlieferungen. Ihre Bräuche und Rituale wurden von den Stammesältesten mündlich von einer Generation an die nächste weitergegeben. Daher kann es schon in einer einzigen politischen Region Hunderte voneinander abweichende Traditionen und Rituale geben.

Die Anthropologie hat zwischen Jäger- und Sammlergesellschaften einerseits und zwischen Ackerbaugesellschaften andererseits unterschieden. Jäger- und Sammlergesellschaften scheinen den Tod eher als natürliche unabänderliche Gegebenheit zu betrachten. Hier gibt es kaum oder überhaupt keine Vorstellungen von einem Jenseits. Die soziale und spirituelle Existenz des Toten scheint mit der Beerdigung des Leichnams beendet. Eine Trauerzeit mit entsprechenden Ritualen nach einem Todesfall gibt es daher nicht. Die Besitztümer eines Verstorbenen werden nach dessen Tod ohne weitere Zeremonie – rein pragmatisch – unter den Lebenden aufgeteilt.

Ackerbaugesellschaften hingegen pflegen häufig Ahnenkulte, mit denen sie ihre Toten als weiter in der Gemeinschaft anwesende Geister verehren. Diese Gesellschaften ziehen häufig keine klare Grenze zwischen Leben und Tod. Der Tod wird eher als eine Art Statusveränderung gesehen. Die Toten werden mit vielfältigen Ritualen beigesetzt. Speisen, Kleidung und Kochtöpfe werden für sie bereit gehalten und man kommuniziert auch nach der Beisetzung über spezielle Schreine und Opferrituale weiterhin mit ihnen.

Fazit

Durch die Todeserfahrung gerät nicht nur die Welt des Einzelnen ins Wanken. Das gesamte soziale Gefüge wird in seiner Existenz bedroht. Der Tod ist ein gravierender Einschnitt, der Schlusspunkt des Lebens. Was danach mit dem Verstorbenen in spiritueller und psychischer Hinsicht geschieht, weiß niemand. Sicher ist nur, dass jeder Mensch sterben muss. So sucht man auf individueller wie auf gesellschaftlicher Ebene – als soziale, kulturelle und religiöse Gemeinschaft – nach Möglichkeiten des Umgangs mit Verlusterfahrungen und der Bewältigung von Trauergefühlen.

Zu allen Zeiten haben Gesellschaften Rituale entwickelt, um Übergangssituationen, die immer auch ein Moment der Krise bergen, Ausdruck zu geben und sie damit aktiv zu gestalten. Auch für den Tod wurden vielfältige Übergangsrituale geschaffen. Neben der Geburt bedeutet das Sterben den gravierendsten Einschnitt oder Übergang. Daraus resultiert die Vielfalt der Rituale, die sich auf das Sterben und den Tod beziehen.

Diese Rituale haben sich im Laufe der Jahrhunderte immer wieder verändert. Manche verloren ihren Sinn und wurden vergessen, manche wurden neu entdeckt und hinzugefügt. Oftmals ist daher ihre Funktion nicht mehr genau zu bestimmen. Auch ist anzunehmen, dass Rituale unterschiedliche Funktionen haben, die nie in »Reinform« zu bestimmen sind.

Zum einem leisten Rituale dem Einzelnen und der Gesellschaft Trauerhilfe, indem sie den Gefühlen der Trauer, des Entsetzens und der Angst Ausdruck und Raum geben (vgl. *Malinowski*). Zum anderen geht es darum, gesellschaftliche Werte zu stabilisieren. Danach dürfen nur ganz bestimmte Gefühle ausgedrückt weren. Unerwünschte Gefühle wie etwa Freude über einen Tod oder Hass auf einen Toten (»über einen Toten spricht man nicht schlecht!«) müssen hingegen unterdrückt werden. Gleichzeitig werden beim Trauernden Gefühle produziert, die er vielleicht gar nicht wirklich empfindet, die aber im Interesse des Erhalts der Gesellschaftsordnung gefordert werden (vgl. *Durkhei*m).

Rituale sind immer im gesamten Gesellschaftssystem integriert. Fänden sie hier keine Verankerung, so würden sie sehr schnell in Vergessenheit geraten. Verändert sich die Gesellschaft, so verändern sich auch die Rituale. Deren Gestaltung ist immer abhängig vom jeweiligen Wertesystem der Gesellschaft, von den spirituell-religiösen Glaubenssätzen, von historischen Gegebenheiten (z. B. Massenepedemien wie Pest oder Krieg) und nicht zuletzt vom sozialen und finanziellen Status des Verstorbenen und seinen Angehörigen.

Insgesamt lässt sich an den vorgestellten Bestattungsritualen und deren Bandbreite an verschiedenen Ausfor-

mungen und Handlungsweisen ablesen, welche große Bedeutung dem Übergang eines Menschen vom Leben in den Tod zugemessen wird.

Allein daraus ist zu schließen, dass eine sinnlich erfahrbare Begegnung mit dem Toten das Abschiednehmen hilfreich unterstützt. Der Tod an sich ist nicht zu begreifen, der Tote in seinem »So-ganz-anders-Sein« schon. Rituale bieten die Möglichkeit, den Verstorbenen noch einmal anzuschauen, zu berühren und Zwiesprache zu halten. All dies hilft, die Realität des Todes anzuerkennen. Diese Realisierung ist dabei ein wesentliches Element im Trauerprozess, wie *Worden*, *Kast* und andere festgestellt haben.

Gleichzeitig bieten Rituale einen Weg, angesichts des unfassbaren Ereignisses Tod handlungsfähig zu werden bzw. zu bleiben. Für viele Menschen ist es wichtig, auch in einer Situation, in der es eigentlich nichts mehr zu tun gibt, aktiv tätig werden zu können, ja sogar dazu aufgefordert zu werden.

Jede Handlung kann zu einem Ritual werden. Wichtig ist dabei, dass sie neben ihrem profanen Zweck mit einer bestimmten Sinndeutung verknüpft wird. Diese Deutung steht meistens in einem spirituell-religiösen Zusammenhang. So kann beispielsweise das Waschen eines Leichnams auch das Reinigen von Schuld bedeuten.

In der heutigen pluralistisch-individuellen Gesellschaft gibt es in dieser Hinsicht jedoch nur noch wenig Übereinkunft. Und diese Tendenz wird sich in Zukunft wohl immer stärker auch in den Einrichtungen und Arbeitsfeldern der Pflege und Hospize wiederfinden. Menschen, die fest in bestimmte Systeme eingebunden sind, werden eine Einrichtung aufsuchen, die sich auf die jeweilige Zielgruppe spezialisiert hat (zum Beispiel jüdische

Einrichtungen oder konfessionell gebundene Heime).

Insgesamt werden weniger klar erkennbare und abgrenzbare Glaubens- und Überzeugungsprofile zu erkennen sein. Vielmehr wird man eine Mischung aus verschiedenen Einstellungen, Überzeugungen und Glaubensätzen finden. Hier gilt es, ein offenes Ohr zu haben, ein Verständnis dafür zu entwickeln, wie vielfältig die Bedeutungszuschreibungen im Hinblick auf Sterben und Tod sein können. So kann die eigene Position formuliert werden und man wird dem anderen gegenüber sprachfähig. Denn letztlich kommt es darauf an, Sterbenden, die sich ja in einer ausgeprägten Trauersituation befinden und Angehörigen, die ihre Trauer vielleicht schon vorweg nehmen oder denen man nach einem Todesfall begegnet, Gesprächsbereitschaft zu signalisieren und solche Gespräche kompetent führen zu können. Es gilt, ein Gespür für die Bedürfnisse der Trauernden zu entwickeln und mit ihnen gemeinsam Formen und Rituale des Abschieds zu suchen und zu entwickeln.

Abschiedsrituale sind für einen konstruktiven Umgang mit Trauer notwendig: für den Sterbenden, der von der Welt Abschied nimmt; für Angehörige, die sich von einem nahen Menschen verabschieden müssen, und letztlich auch für die Pflegekräfte, die sich aus einer (Pflege-) Beziehung lösen müssen.

Gerade in der Begegnung zwischen Pflegepersonal und trauernden Angehörigen, in der sich oft Hilflosigkeit und Unsicherheit zeigt, kann das Angebot von Abschiedsritualen sehr hilfreich sein, denn diese können positive Ansätze zum gemeinsamen Umgang angesichts einer schwierigen Situation bieten. Rituale dürfen jedoch nicht als

starre Systeme etabliert werden, dem sich die Menschen mit ihren vielfältigen, manchmal widersprechenden (Trauer-) Gefühlen anpassen müssen. Rituale sollen auch möglichst der individuellen Situation und der Befindlichkeit des Trauernden entsprechen, damit sie den Trauerprozess sinnvoll und positiv unterstützen.

Übungen zur Selbsterfahrung und Reflexion

Für die Einzelarbeit:

1. Haben Sie sich schon Gedanken über Bestattung und andere Rituale gemacht?
   - Im Allgemeinen?
   - Für Ihnen nahestehende Menschen?
   - Für sich selbst?
   - Wie möchten Sie bestattet werden?

2. Erinnern Sie sich an die erste Bestattung, bei der Sie anwesend waren. Was haben Sie erlebt? Woran erinnern Sie sich noch ganz genau?

3. Notieren Sie Ihre Assoziationen zum Wort »Friedhof«.
   Für welche Art von Bestattung würden Sie sich entscheiden? Warum?

4. Wie geht es Ihnen mit Abschied und Loslassen?
   - Können Sie Ihnen wichtige Menschen gut loslassen, so dass sie selbstständig und unabhängig von Ihnen werden bzw. sind?
   - Wann haben Sie das letzte Mal Ihre Wohnung »entrümpelt«?
   - Verschenken Sie ab und zu »mit warmen Händen« Ihnen lieb gewordene Dinge?
   - Können Sie die Träume von »ewiger Jugend« loslassen?

5. Was verstehen Sie unter »kultursensibler Pflege«? Beschreiben Sie Ihre

Vorstellungen vor dem Hintergrund des vorangegangenen Kapitels.

Für die Gruppenarbeit:

1. Beeinflusst Ihr Glaube / Nichtglaube Ihre Gefühle zum Tod?

2. Bestattungsrituale können im Trauerprozess unterstützen, aber auch hinderlich sein. Erklären Sie, warum das so ist, und beziehen Sie in Ihre Argumentation die Stellungnahmen von *Malinowski* und *Durkheim* ein.

3. Heute sieht man auf Friedhöfen immer mehr anonyme Urnenfelder. Wie beurteilen Sie diese Entwicklung? Was empfinden Sie, wenn Sie vor solch einem Feld stehen? Tauschen Sie sich über Ihre Gedanken aus.

Literatur

Heiler, F.: Die Religionen der Menschheit. Stuttgart 1982.

Innes, B.: Jenseits – der Tod und das Leben danach. Bindlach 1999.

Schwikart, G.: Tod und Trauer in den Weltreligionen. Gütersloh 1999.

Spiegel, Y.: Der Prozess des Trauerns. München 1973.

Teil II
Erfahrung und Umgang mit Trauer in der Altenpflege

Einleitung

In Teil 1 wurde das Phänomen Trauer aus psychologischer Sicht dargelegt. Trauer wird als Prozess beschrieben, der durchlebt werden muss und der bestimmte »Aufgaben« an die Betroffenen stellt. Wird am Ende dieses Prozesses das Verlusterlebnis in das eigene Leben integriert, so kann man vom Abschluss der Trauer sprechen.

Weiter wurde ausgeführt, welche Institutionen Trauernden Unterstützung bieten, wie sie dies leisten und wie sich die psychosoziale Versorgungslandschaft in Deutschland innerhalb der letzten Jahrzehnte verändert hat.

Schließlich wurden Todesrituale und Trauerbräuche verschiedener Kulturen und Religionen vorgestellt. Die gesellschaftliche Funktion dieser Rituale für die Realisierung und Verarbeitung des sozialen Ereignisses Tod stand dabei im Vordergrund.

Im Teil 2 geht es darum, Trauerprozesse konkret auf die Arbeitsanforderungen und Aufgaben der Altenpflege zu beziehen.

Aus unseren Unterrichtserfahrungen hat sich eine Auswahl von neun Themenkomplexen herauskristallisiert, die im Folgenden behandelt werden. Ausgangspunkt ist der Pflegealltag mit seinen wiederkehrenden Problembereichen und Konflikten. Die ihnen innewohnenden Anteile von Trauer werden thematisiert und es werden Möglichkeiten des Umgangs damit entworfen.

Die Aufbereitung dieser Themen ist folgendermaßen strukturiert: Im ersten Teil findet sich jeweils eine kurze textliche Einführung. Im zweiten Teil werden Übungen und Fragen anhand von Praxisbeispielen angeboten, die die eigenen Erfahrungen aufgreifen und zur vertiefenden Auseinandersetzung vor dem Hintergrund der Pflegetätigkeit anregen sollen.

Insgesamt werden Ansätze zum Umgang mit Trauer in der Altenpflege entwickelt, um eigene Erfahrungen zu reflektieren und die Handlungsfähigkeit in diesem Bereich zu erweitern und zu stärken.

1. Trauerrituale und Abschied

1.1 Trauerrituale ändern sich

Trauerrituale und Trauerbräuche haben sich im Laufe der Geschichte immer wieder verändert. Dabei reicht die Spanne vom »schnellen Abschied«, bei dem man sich schnell vom Verstorbenen löst und ihn ohne Zeremonien begräbt, bis hin zu breit angelegten, minutiös geplanten und in aller Öffentlichkeit ausgeführten Begräbniszeremonien.

Rituale hängen eng mit dem allgemeinen Lebensgefühl der jeweiligen Zeit und der kulturellen Zugehörigkeit zusammen. Ändern sich maßgebliche Einstellungen und Werte innerhalb eines Kulturkreises, so sind auch die Trauerrituale unmittelbar von diesen Veränderungen betroffen.

Für den Wandel in Deutschland in den letzten Jahrzehnten sind mehrere Komponenten verantwortlich. Heute haben die großen christlichen Kirchen, die die Ausformung und Entwicklung von Trauerbrauchen und Abschiedsritualen in der Vergangenheit stark geprägt und auf deren Einhaltung geachtet haben, an Einfluss verloren. Sie stellen innerhalb der Gesellschaft keine normierende Kraft mehr dar. Ihre Rolle, Rituale zu formen und anzubieten, konnte aber bisher auch von keiner anderen gesellschaftlichen Kraft übernommen oder ersetzt werden. Am ehesten noch können die Massenmedien wie z. B. das Fernsehen neue Rituale einführen, indem dort bestimmte Verhaltensweisen für Trauerfälle einem großen Publikum vorgeführt und damit auch legitimiert werden. Dies geschieht zum Beispiel in den »daily soaps« oder auch in der Übertragung von »Prominenten-Begräbnissen« wie z. B. anlässlich des Todes von Lady Diana. Dennoch lassen Pluralismus und Individualismus, wie sie die westliche Kultur prägen, eine allgemeingültige Normierung der Verhaltensweisen nicht mehr zu. Vielmehr gibt es verschiedene Interessengruppen innerhalb einer Gesellschaft, die jeweils ihre eigenen Verhaltenskodizes ausbilden und mehr oder weniger streng auf deren Einhaltung achten.

Eng damit verknüpft ist der Toleranzgedanke, der in der Regel unterschiedliche Lebensformen und auch unterschiedliche Abschieds- und Trauerrituale nebeneinander existieren lässt. In der heutigen pluralistischen Gesellschaft wird Individualität sehr hoch bewertet. Die Fähigkeit eines Menschen, sein Leben möglichst individuell und originell zu gestalten und sich entsprechend darzustellen, wird allgemein als sehr positiv gesehen. Dieser Anspruch gilt auch für Trauersituationen: Man möchte den Abschied so gestalten, dass er einerseits den Vorstellungen der Hinterbliebenen entspricht, andererseits auch das gelebte Leben und die Individualität des Verstorbenen widerspiegelt. Dies in einer Situation zu leisten, die als elementare Krisensituation sowieso schon sehr anstrengend ist, stellt für viele Menschen eine Überforderung dar.

Wenn jemand gestorben ist, wird heute in aller Regel auf ein Bestattungsinstitut zurückgegriffen, das dann alle Aufgaben, die in der Zeit zwischen dem Sterben und der Bestattung anfallen, übernimmt und die Angehörigen somit entlasten soll. Indirekt werden die Bestatter aber auch beauftragt, diese Zeit, den Umgang mit der Leiche und die Form des Abschiednehmens zu gestalten. Für die Zukunft wäre es auch denkbar, dass Altenpflegeeinrichtungen sich an dieser Stelle engagieren und den Hinterbliebenen zwischen der Zeit des Sterbens und der Bestattung – in

Abschieds- und Trauerrituale

Pluralismus und Individualismus

Kooperation mit einem Bestattungsunternehmen – Unterstützung anbieten.

1.2 Rituale als individueller Ausdruck der Trauer

Anthropologisch betrachtet gehören Trauerrituale zu den so genannten Übergangsritualen. Wie zuvor dargelegt gibt es heute kaum noch allgemeingültige Abschieds- und Trauerrituale. Im Zuge der Individualisierung steht jeder in der Freiheit, aber auch vor der Aufgabe, seiner Trauer individuellen Ausdruck zu geben, sich für oder gegen traditionelle Rituale zu entscheiden oder auch neue zu entwerfen.

Derzeit lassen sich zwei Tendenzen ausmachen. Auf der einen Seite wird Trauer nicht mehr öffentlich gezeigt, sondern auf den privaten Bereich begrenzt. Dann finden Bestattungen nur noch im »engsten Kreise« statt und es wird »gebeten, von Beileidsbekundungen am Grab abzusehen«. Dieser Rückzug mag zum einen darin begründet sein, dass man Traurig-Sein und Trauer nicht zeigen mag, da sie zu den tabuisierten Gefühlen zählen. Zum anderen könnte er auch in der Unsicherheit begründet sein, sich »richtig« zu verhalten. Traditionelle Formen sind in ihrem Sinngehalt nicht immer zu erschließen bzw. gar nicht mehr bekannt, sodass manch einer nicht mehr weiß, wie man sich am Totenbett oder auf dem Friedhof verhalten kann. Gleichzeitig ist man vielleicht nicht in der Lage, eigene Ausdrucksformen oder Rituale zu suchen und darzustellen.

Daneben gibt es aber auch eine andere Bewegung, in der offensiv nach neuen Formen gesucht wird, der Trauer öffentlich Ausdruck zu verleihen. Diese Bewegung wurde vornehmlich von Angehörigen der an Aids gestorbenen Menschen initiiert. Alte Rituale werden aufgegriffen und mit neuem Sinn erfüllt und auch neue Rituale werden ersonnen. Dazu

gehört zum Beispiel das Nähen je eines Quilts für einen gestorbenen Menschen. Angehörige stellen Stoffbilder her, die etwas von der verstorbenen Person und deren Leben ausdrücken. Diese Bilder werden in den USA an einem zentralen Ort aufbewahrt und an einem deklarierten Gedenktag zur Erinnerung ausgebreitet. Beide Tendenzen machen sich auch in Bezug auf die Gestaltung der Grabstellen bemerkbar. Auf der einen Seite nimmt die Zahl der anonymen Gräber zu und auf der anderen Seite sieht man auf den Friedhöfen immer mehr ganz individuell geschmückte Grabstellen. Auch dieses Phänomen lässt sich unterschiedlich begründen. Sicher ist jedoch, dass einerseits offensichtlich Ausdrucksformen verloren gegangen sind oder man keine Notwendigkeit mehr erkennt, für seine Trauer einen Ort zu suchen und zu gestalten, und andererseits dieser Ort der Trauer nach den jeweils eigenen Bedürfnissen gestaltet wird.

Individuelle Rituale sind Ausdruck der jeweils eigenen Trauer. Sie sollen helfen, den Tod eines nahen Menschen zu realisieren, anzunehmen und im eigenen Empfinden Wirklichkeit werden zu lassen. Das Sterben eines Menschen, den Tod, zu begreifen, fällt jedem schwer.

Es hat sich gezeigt, dass die Trauer mit noch größeren Komplikationen verbunden ist, wenn der Leichnam nicht mehr gesehen und berührt werden konnte, wenn es keine Möglichkeit eines Abschiedes gab, z. B. wenn der Partner oder Vater nicht aus dem Krieg zurückgekehrt ist.

> Rituale geben Zeit und Form, den Tod eines Menschen sinnlich zu erfahren und dadurch besser begreiflich werden zu lassen. Sie verankern den Abschied, die Trennung in der eigenen Wirklichkeit.

Jede Handlung kann zum Ritual werden, wenn sie sich durch eine spezielle Sinn-

anonyme Gräber

Individuelle Rituale

Trauer öffentlich Ausdruck verleihen

gebung qualifiziert. So kann etwa das Anzünden einer Kerze im christlichen Sinn an ein ewiges göttliches Licht erinnern. Ein anderer mag damit ausdrücken wollen, dass sich Energiezustände ändern, aber diese Energie nie verloren gehen kann.

Das Waschen des Leichnams kann diesen, der Überzeugung nach, von allem reinigen, was ihn noch an das irdische Dasein binden könnte. Gleichzeitig kann es im letzten Berühren als Liebesbeweis gelten. Manche Hinterbliebene geben dem Verstorbenen einen Brief mit. Dies bietet die Möglichkeit, Ungesagtes auszudrücken oder dem Verstorbenen gute Worte im wahrsten Sinne ans Herz zu legen. Mancher mag solch einen Brief auch wie frühere Grabbeilagen verstehen: als spirituelle »Wegzehrung« für die letzte Reise.

1.3. Abschied und Trauerrituale in der Altenpflege

Als Leichenhallen und Aufbahrungsräume der Bestattungsinstitute noch nicht so flächendeckend wie heute existierten, war es üblich, dass die Verstorbenen zunächst zu Hause blieben und dort aufgebahrt wurden. Die Angehörigen verbrachten noch eine beträchtliche Zeit mit den Verstorbenen. Nachbarn und Freunde hatten Gelegenheit, ein letztes Mal Abschied zu nehmen. Gleichzeitig konnte man sich untereinander austauschen und fand vielleicht Trost in der Zuwendung oder den Worten der anderen. Dieser Zustand soll an dieser Stelle nicht romantisch verklärt werden: Sicherlich entstanden so auch vehemente Konflikte und die »aufdringliche Neugierde« anderer wurde als sehr belastend empfunden. Aber der Vorteil bestand dann darin, dass man an einem vertrauten Ort jederzeit zu dem Verstorbenen gehen konnte und sich so die Trennung und den Verlust bewusst machen konnte. Der Aufbahrungsort kann individuell gestaltet wer-

den: Blumen können aufgestellt, Blüten verstreut, Kerzen angezündet, Weihrauch verbrannt werden. Es kann in Ruhe Zwiesprache gehalten und Texte, die einem viel bedeuten, können gelesen werden. Gläubige Menschen haben hier die Möglichkeit des Gebets und der Meditation.

Inzwischen wird meistens ein Bestattungsinstitut benachrichtigt, das dafür sorgt, dass die Toten die vertraute Umgebung sehr schnell verlassen. Im Nachhinein bedauern viele Angehörige diese Entscheidung. Auch wenn man vielerorts versucht, die Aufbahrungsräume angemessen einzurichten, bleiben sie meistens nichtssagend, werden als kalt und abweisend empfunden und sind auch nicht jederzeit zugänglich.

Aufbahrung des Leichnams

In den Einrichtungen der Altenpflege wird inzwischen darauf geachtet, dass Angehörige und andere von den Verstorbenen in angemessener Weise Abschied nehmen können. Bis vor einiger Zeit versuchte man jedoch auch hier, den Tod und das Trauern möglichst unbemerkt zu lassen oder die Auseinandersetzung damit kurz zu halten. So wurde ein sterbender Mensch aus seinem Zimmer verlegt, da man befürchtete, dass die Mitbewohner mit der Situation nicht umgehen könnten, verängstigt und beunruhigt würden. Der Leichnam wurde schließlich heimlich durch einen Seitenausgang abtransportiert. Dies wurde und wird ebenfalls mit dem Gedanken der Rücksichtnahme auf die anderen Bewohner begründet.

Inzwischen ist aber an vielen Orten deutlich geworden, dass gerade diese Praxis zur Beunruhigung beiträgt. So ist man dazu übergegangen, einen Menschen in seinem Zimmer sterben zu lassen und die Bestatter dürfen den Haupteingang benutzen. Vielerorts wird darüber hinaus eine Art Abschieds- oder Trauerzimmer eingerichtet. Hier wird der verstorbene Mensch in einem besonderen Raum aufgebahrt. Dieser Raum sollte möglichst ruhig gestaltet sein. Pflegepersonal und

Abschieds- oder Trauerzimmer

Angehörige haben dann einen Ort, an dem sie sich in aller Ruhe und in einer angemessenen Umgebung von einem verstorbenen Menschen trennen können.

Altenpflegerinnen gehen eine wie auch immer gestaltete Beziehung zu den betreuten Menschen ein. Stirbt einer dieser Menschen, so hinterlässt er eine Lücke, die nicht geschlossen werden kann. Auch das Pflegepersonal sollte eine Möglichkeit und eine Form haben, äußerlich und innerlich Abschied zu nehmen. In ambulanten Einrichtungen bieten etwa Teambesprechungen die Zeit, von der verstorbenen Person zu erzählen, ein Foto von ihr zu betrachten, eine Kerze anzuzünden und vielleicht einen Text zur Meditation zu lesen.

Erinnerungsrituale

In stationären Einrichtungen besteht darüber hinaus die Möglichkeit, im Rahmen einer Feier für Pflegepersonal, Bewohner und Angehörige gemeinsam von einem Menschen, mit dem man eine Weile zusammen gelebt hat, Abschied zu nehmen.

Abschiedsfeiern

Man kann den Namen, das Geburtsdatum und das Sterbedatum nennen. Wenn man möchte, können Erinnerungen ausgetauscht werden. Auch hier können entsprechende Texte gelesen werden oder symbolische Handlungen ausgeführt werden, z. B. Samen in eine Schale mit Erde legen, um an den Kreislauf des Lebens zu erinnern.

In dem Buch »*In meinem Herzen die Trauer*« haben die beiden Herausgeberinnen *Lis Bickel* und *Daniela Tausch-Flammer* eine Sammlung von Texten zusammengestellt, die nach verschiedenen Aspekten des Trauerprozesses geordnet sind. In dieser Sammlung finden sich viele geeignete Texte und Vorschläge für Abschiedsfeiern.

Trauergedenktage

Darüber hinaus besteht die Möglichkeit, Trauergedenktage wahrzunehmen. Traditionell gibt es auf katholischer Seite Allerheiligen (1. November) und Allerseelen (2. November). Es wird der Verstorbenen gedacht und man erinnert sich. Meistens besucht man den Friedhof, schmückt die Grabstelle mit Blumen und roten Kerzen, die an das ewige Licht Gottes erinnern. Im Gebet bittet man für die Seelen der Verstorbenen.

Die Evangelische Kirche erinnert am Toten- oder Ewigkeitssonntag (Ende November) an die verstorbenen Menschen. Auch dies ist ein traditionelles Datum der Grabpflege. In speziellen Gottesdiensten werden alle Verstorbenen des vorangehenden Jahres namentlich genannt und es werden Gebete für sie und die Angehörigen gesprochen.

Seit 1926 existiert der Volkstrauertag, der zum Gedenken an die Toten des Ersten Weltkrieges eingeführt wurde (eine Woche vor Totensonntag).

Auch in Pflegeeinrichtungen können Erinnerungsrituale eingeführt werden. In einem besonderen Buch könnten die Menschen mit Namen und vielleicht sogar mit Foto eingetragen werden. Dieses Buch kann an einem speziellen Platz aufgestellt werden, mit einem Strauß Blumen oder einer Kerze als Schmuck versehen. Oder man bietet einmal im Jahr eine Erinnerungsstunde an. Auch hier können die Verstorbenen namentlich genannt werden. Man kann Texte lesen, die Erinnerung thematisieren und Anregungen zur Betrachtung geben.

Generell kann der Monat November mit seinen speziellen Totengedenktagen Anlass bieten, sich z. B. in Gesprächsrunden mit den Themen um Abschied, Sterben und Trauer zu beschäftigen.

Gerade an besonderen Tagen wie Geburtstag, Eheschließung, Weihnachten oder dem Todestag empfinden viele Hinterbliebene ihre Trauer besonders stark, auch wenn die Verlusterfahrung schon sehr lange her ist. Die Beachtung eines solchen Tages, das Sprechen darüber oder auch die Kennzeichnung etwa durch das Aufstellen und Schmücken eines Bildes kann als konstruktive Unterstützung empfunden werden.

Manchmal zeigt sich auch, dass noch kein Weg der Verabschiedung gefunden wurde. Ist dies der Fall, so kann es hilfreich sein, dem Betroffenen ein Gespräch über die Erinnerung an den Verstorbenen anzubieten und gemeinsam ein Abschiedsritual zu entwickeln.

Es gibt viele Möglichkeiten, Abschied und Erinnerung zu zelebrieren. Wichtig ist dabei, dass die gefundenen Formen den Werten und den Einstellungen der Menschen entsprechen, die daran beteiligt sind.

In Pflegeeinrichtungen sollte die Formgebung mit möglichst vielen Betroffenen diskutiert und auf ihre Stimmigkeit geprüft werden. Sich darum zu bemühen, überhaupt eine Form zu finden, ist sicherlich hilfreich. Sie bietet dem Pflegepersonal, den Bewohnern und auch den Angehörigen die Möglichkeit, eigenen Trauergefühlen öffentlich Ausdruck zu geben und bewusst Abschied zu nehmen. Der Kummer verschwindet dadurch zwar nicht, er wird aber nicht einfach verdrängt.

1.4 Praxisbeispiele

Beispiel 1:

Frau M. hat einige Jahre in einer Pflegeeinrichtung gelebt und in dieser Zeit viele Pflegerinnen und Bewohnerinnen kennen gelernt. Wenn möglich nahm sie an geselligen Treffen teil. Eines Morgens wird sie tot im Bett aufgefunden. Mit ihrem Sterben hatte niemand gerechnet. Man benachrichtigt die Heimleitung. Diese ruft das Bestattungsunternehmen und weist es an, diskret durch den Hintereingang zu kommen und den Leichnam, ohne Aufsehen zu erregen, abzuholen. Das Pflegepersonal wird angewiesen, die anderen Bewohner möglichst im Zimmer zu lassen oder anderweitig zu beschäftigen. Der Tod von Frau M. soll nicht bekannt gegeben werden, damit die gute Stimmung, die zur Zeit herrscht, nicht getrübt wird.

In der Übergabe am Mittag sind einige Pflegekräfte irritiert, dass sie eher nebenbei erfahren, dass Frau M. gestorben ist. Sie beklagen sich, dass sie so schnell abgeholt wurde, da sie sich gerne von ihr verabschiedet hätten.

Beispiel 2

Herr V. hat vor einigen Jahren seine Ehefrau durch einen Verkehrsunfall verloren. Er hat damals den Leichnam seiner Frau nicht mehr sehen oder berühren können. Als er noch gut zu Fuß war, ist er jeden Tag zur Grabstelle gegangen und hat von seinen Erlebnissen und Gedanken erzählt. Inzwischen kann er das Haus nicht mehr allein verlassen.

Seit einiger Zeit plagen ihn Alpträume. Er kann nicht mehr ruhig schlafen. Manchmal erzählt er der Pflegerin, die jeden zweiten Tag zu ihm in die Wohnung kommt, dass seine Frau in Wirklichkeit gar nicht tot sei und er sie suchen müsse. Wenn die Pflegerin ihn erinnert, dass seine Frau gestorben sei, besteht er darauf, dass die Grabstelle falsch sei, dass der Sarg mit Sicherheit leer sei und man ihn ja ausgraben könne. Es fällt von Tag zu Tag schwerer, Herrn V. zu beruhigen.

Übungen zur Selbsterfahrung und Reflexion
Für die Einzelarbeit

1. Erinnerern Sie sich an Trauerrituale, die Sie kennen gelernt haben, und notieren Sie diese.
2. Denken Sie einen Augenblick über das Wort »Abschied« nach. Notieren Sie dann Ihre Einfälle und Assoziationen.
3. Welche Symbolik oder symbolische Handlung fällt Ihnen zum Thema Abschied ein?
   Welche passt für Sie am ehesten, wenn Sie von einem Verstorbenen Abschied nehmen müssen?

4. Die Zeit der Übergabe ist knapp (Beispiel 1). Deshalb treffen Pflegepersonal und Heimleitung die Vereinbarung, auf der nächsten Teamsitzung zu besprechen, wie man sich verhalten möchte, wenn jemand von den Bewohnern stirbt.
Überlegen Sie sich jeweils Argumente für die unterschiedlichen Perspektiven.

5. Die Pflegerin von Herrn V. ist eine Kollegin von Ihnen. Sie beklagt sich über das Verhalten von Herrn V., der doch bisher so vernünftig war. Sie weiß nicht, was geschehen ist und wie sie sich verhalten soll. Deshalb fragt sie Sie um Rat. Was sagen Sie ihr?

Für die Gruppenarbeit

1. Bilden Sie zwei Gruppen. Die eine übernimmt die Position der Heimleitung, die andere die der Pfleger, die erst sehr spät vom Tod der Frau M. erfahren haben. Sammeln Sie dann in Ihrer Gruppe Argumente für die jeweilige Haltung. Wählen Sie eine Sprecherin, die sich auf dem Podium mit der Vertreterin der anderen Gruppe trifft, um dort die jeweiligen Haltungen zu diskutieren. Die Rolle kann dabei jederzeit von einer anderen Person übernommen werden.
2. Sammeln Sie in der Gruppe, wie in den Medien (Fernsehen, Zeitung) Trauer und die öffentliche Darstellung von Trauergefühlen gezeigt werden. Diskutieren Sie diese Darstellungen und überlegen Sie, ob Sie die dort vorgeschlagenen Verhaltensweisen positiv oder negativ bewerten.
3. Stellen Sie sich vor, die Heimleitung der Einrichtung, in der Sie arbeiten, möchte einen Abschiedsraum einrichten, in dem die Verstorbenen aufgebahrt werden, sodass jeder von ihnen Abschied nehmen kann. Außerdem soll die Möglichkeit gegeben werden, kleine Abschiedszeremonien für das Pflegepersonal, die Bewohner und die Angehörigen anzubieten.

Erarbeiten Sie Vorschläge zur Gestaltung dieses Raumes und zur Gestaltung der Abschiedsfeier.

Prüfen Sie Ihr Wissen
a) Beschreiben Sie in eigenen Worten, warum sich **Trauerrituale** innerhalb der Gesellschaft im Laufe der Zeit **verändern**.
b) Erklären Sie in eigenen Worten den Begriff »**Übergangsritual**« im Hinblick auf das Ereignis des Todes.
c) Begründen Sie, warum **Rituale den Abschied** vom Verstorbenen **erleichtern** können.
d) Nennen und beschreiben Sie, was man unter **individualisierten Ritualen** verstehen kann. Finden Sie Beispiele dazu.
e) Erörtern Sie mögliche Abschiedsrituale in Altenpflegeeinrichtungen.

Ausgewählte Literatur zur Vertiefung
Bickel, L.;Tausch-Flammer, D. (Hrsg.): In meinem Herzen die Trauer. Freiburg i. Br. 1998.
Tausch-Flammer, D.; Bickel, L.: Wenn ein Mensch gestorben ist – wie gehen wir mit dem Toten um? Freiburg i. Br. ²1995.
Sax, M.;Visser, K.;Boer, M.: Begraben und vergessen? Ein Begleitbuch zu Tod, Abschied und Bestattung. Berlin 1993.
Schibilsky, M.: Trauerwege.Düsseldorf ²1991.
Uffmann, A.: Trauern und leben. Stuttgart 1998.

2. Umgang mit Angst

2.1 Angst als menschliche Grunderfahrung

Anspannung, Unlust angesichts einer gestellten Aufgabe, ein brennendes Gefühl in der Magengegend, Schweißausbrüche, Herzrasen: Die Varianten, in denen sich Angst äußert, sind zahlreich und jeder Mensch hat sie in dieser oder anderer Form bereits erlebt.

Dieses Erlebnis der Angst gehört zu den Grunderfahrungen des Menschen. Angst ist ein Warnsignal angesichts (über-)fordernder und bedrohlicher Situationen. Sie provoziert eine Entscheidung zwischen Standhalten oder Zurückweichen. Das ängstliche Gefühl lässt uns, meistens nur sehr kurz, innehalten um zu entscheiden, ob wir uns bereit fühlen, uns mit der angstauslösenden Situation auseinanderzusetzen, oder ob wir der Situation (noch) nicht gewachsen sind oder uns vielleicht (noch) das entsprechende Handwerkszeug fehlt, um das Problem zu lösen, und es deshalb sinnvoll und nützlich ist, der beängstigenden Situation auszuweichen. Das Erleben von Angst, so unangenehm es auch ist, hilft dem einzelnen Menschen und der Menschheit an sich zu überleben.

Philosophisch betrachtet wird Angst als »Grundbefindlichkeit« des Menschen beschrieben. Als Angst vor der eigenen Endlichkeit, dem Nicht-mehr-Sein und dem Tod. Man geht davon aus, dass jeder die eigene Endlichkeit als beängstigend empfindet, als die größte Bedrohung überhaupt, auch wenn dies nicht immer bewusst ist. Diese »Grundangst« wird dabei als eine maßgebliche Motivationsquelle für das Handeln angesehen. Beschreibt diese Angst eher ein grundsätzliches, häufig unbestimmbares Gefühl, gibt es daneben aber auch konkrete Situationen oder Objekte, die Angst machen. Diese »Angstauslöser« können ganz unterschiedlich sein. Sowohl im Hinblick auf jeden einzelnen als auch im Hinblick auf unterschiedliche Kulturen und Zeitepochen. Empfand man früher Naturgewalten wie zum Beispiel Gewitter als bedrohlich, so sind es heute eher Krankheitserreger (HIV, BSE).

Entsprechend sind in der Geschichte der Menschheit immer wieder neue Wege beschritten worden, Angstgefühle zu überwinden oder zu vermindern. Bediente man sich früher zur Abwendung einer Bedrohung der Magie, so setzt man heute z. B. auf die Perfektionierung der medizinischen Möglichkeiten.

Gleichzeitig erlebt jeder Mensch seine persönliche Form der Angst. Je nach Persönlichkeit und Prägung durch das soziale Umfeld, in dem man aufgewachsen ist und in dem man sich bewegt, sind individuell bestimmte Objekte oder Situationen mit Angstgefühlen besetzt. Und jeder einzelne entwickelt eigene Strategien, mit diesen Ängsten umzugehen bzw. sie zu vermindern.

»Jeder Mensch hat seine persönliche, individuelle Form der Angst, die zu ihm und seinem Leben gehört, wie er seine Form der Liebe hat und seinen eigenen Tod sterben muß« (vgl. *Riemann*, S. 9).

2.2 Gesellschaftlicher Umgang mit Angst

Allgemein wird in unserem Kulturkreis die zuversichtliche Haltung und das »positive Denken« sehr hoch bewertet. An jeden einzelnen Menschen besteht die Anforderung, sich von der ausgegliche-

Warnsignal

Grund-
befindlichkeit

67

nen und der harmonischen Seite zu zeigen. Wir leben in einer Gesellschaft, die sich größtenteils weigert zu leiden, ob an Angst, an Trauer oder an Tod. Man will selber nicht leiden und will auch möglichst nicht am Leid anderer Menschen teil haben. Vielmehr soll alles reibungslos funktionieren, das Leben soll handhabbar und machbar sein. Gefühlsäußerungen, die den reibungslosen Ablauf irgendwie stören können, sollten möglichst vermieden werden. Sie gelten als »dysfunktional«. Diese so genannten »negativen« Gefühle, zu denen auch die Angst gezählt wird, werden kaum noch erlaubt. Wenn überhaupt, dürfen sie nur im privaten Raum gezeigt werden, im öffentlichen Leben sollen sie jedoch möglichst keinen Ausdruck mehr finden.

Mit Angst und Kummer geht man nicht mehr unter die Menschen, sondern es wird empfohlen, gleich zur Ärztin bzw. Therapeutin zu gehen. *Richter* spricht in diesem Zusammenhang in seinem Buch *»Umgang mit Angst«* von einem regelrechten Angsttabu.

Angst gehört jedoch zu unserem Dasein. Man kann sie verleugnen und verdrängen, damit verschwindet sie allerdings nicht, sondern äußert sich an anderer Stelle oder in einer anderen Form. Gerade in helfenden Berufen wie in der Altenpflege, ob stationär, ambulant oder im familiären Kontext und in den Hospizen, setzt man sich extrem Angst machenden Situationen aus. Tag für Tag erlebt man Menschen, die Verluste verkraften müssen, die krank werden, die in Abhängigkeit leben.

Vor diesem Hintergrund befinden sich Pflegekräfte in ihrer Arbeit mit alten Menschen in einer schwierigen Situation. Wer professionell alte, gebrechliche Menschen pflegt und begleitet, merkt, dass es immer weniger gelingt, die Endlichkeit des Menschen zu verdrängen und die Bedrohung durch Tod und Trauer beiseite zu schieben.

Die Öffentlichkeit dagegen verdrängt möglichst alles, was Angst einflößen könnte. Gebrechliche Alte, Kranke, Ängstliche und Trauernde werden in Therapie oder in Heime abgeschoben: *»Die gemeinsame Verdrängung besorgt die Abschiebung der alten Hilflosen in trostlose Verwahreinrichtungen mit der anscheinend dringendsten Auflage, das Elend vor allem unsichtbar zu machen«* (vgl. *Richter*, S. 53). Wer in der Pflege arbeitet, wird damit zum Grenzgänger zwischen einer Gesellschaft, die Angstmachendes oder Begegnungen mit Leiden und Schmerz vermeiden will, und einer Welt, in der er gerade dieser verdrängten Wirklichkeit massiv begegnet. Dies bedeutet zwangsläufig eine enorme Anstrengung für die Pflegenden. An ihren Arbeitsstätten begegnen sie potenziert Angst machenden Situationen, finden aber im Freizeitbereich und überhaupt im gesellschaftlichen Umfeld keine Unterstützung im Umgang damit – von Anerkennung ganz zu schweigen.

Im Gegenteil: »lässt man das dort überforderte, weitgehend sich selbst überlassene Personal nicht fühlen, dass es für die Gesellschaft keine ernstlich wertvolle Aufgabe, eher eine Verdrängungshilfe leisten soll? Und ist dies nicht ein Nährboden für Resignation, Verbitterung, am Ende auch Destruktivität?« (vgl. *Richter*, S. 50 f.)

Die Kränkung, die durch fehlende Wertschätzung und Verleugnung ausgelöst wird, ist für manche Pflegekraft auf Dauer nur sehr schwer zu verkraften. Zudem sind ja die Pflegenden auch ein Teil der Gesellschaft und haben deren Werte internalisiert. Je vehementer Angst vermieden oder verdrängt wird, um so destruktiver taucht sie aber wieder auf. Manchmal in ihrer stärksten, destruktiven Form, nämlich der Patiententötung, von der in den Medien immer wieder entsetzt berichtet wird.

Häufig wird dann behauptet, dass ein schwer leidender Mensch aus Mitleid

Grenzgänger

Angsttabu

Patiententötung

Verdrängung

getötet wurde, weil man ihm das weitere Leiden-Müssen ersparen wollte. Aber »aus Mitleid« töten ist schon vom Wortsinn her nicht möglich. Mit-Leid bedeutet ja, dem Leid standhalten, mit dem leidenden Menschen aushalten und mitfühlend Anteil nehmen, auch die Angst, die dies auslösen kann, auszuhalten.

In Patiententötungen äußert sich aber das Gegenteil. Das, was Angst macht: Leid, Schmerzen, Sterben, konkret: der schwerkranke leidende Mensch, soll verschwinden. Man möchte sich selbst und andere vor dem Anblick des Leidens und von der eigenen Auseinandersetzung damit befreien. (vgl. *Richter*, S, 51)

Sich selbst zu schützen, wird in den meisten Fällen nicht die bewusste Intention des Täters sein, aber in der Tötung von Patienten zeigt sich die extremste Folge der Abspaltung all dessen, was Angst macht.

2.3 Persönlichkeit und Angst

Für jeden Menschen unterscheiden sich die Situationen, in denen er Angst hat und es sind unterschiedliche Objekte, vor denen man sich ängstigt oder fürchtet. Der Psychoanalytiker *Fritz Riemann* beschreibt in seiner tiefenpsychologischen Studie »*Grundformen der Angst*« vier Persönlichkeitstypen, die er mit schizoid, depressiv, zwanghaft und hysterisch bezeichnet.

Er gebraucht diese Begriffe jedoch nicht in erster Linie für krankhaftes Empfinden und Verhalten. Vielmehr wird davon ausgegangen, dass bei jedem Menschen eine dieser vier Richtungen stärker ausgeprägt als die anderen drei. Damit entwickeln sich auch »Grundängste«, die sich je nach Persönlichkeitstyp unterscheiden. Die Entwicklung in eine bestimmte Richtung und die Ausprägung dieser »Grundangst« sind in psychoanalytischer Sichtweise von frühkindlichen Erfahrungen abhängig.

Erst wenn sich jemand auf die eine Form reduziert und nicht mehr in der Lage ist, auch die anderen Anteile auszuleben, könnte man von pathologischem (krankhaftem) Verhalten sprechen.

Zunächst beschreibt *Riemann* den **schizoiden Typus**. Dieser ist geprägt vom Bedürfnis nach Distanz, Eigenraum und Selbstbewahrung. Die Ich-Abgrenzung wird als Lebenshaltung kultiviert. Daraus folgt die Angst vor Hingabe und engen Bindungen. Ein Mensch mit einer Tendenz zu diesem Typus wird sich schwer damit tun, Gefühle zu äußern und zu zeigen. Generell fällt es ihm schwer, sich in Abhängigkeitsverhältnisse zu begeben. Dieser Aspekt wird sich im pflegerischen und betreuerischen Verhältnis besonders niederschlagen. schizoider Typus

Dem gegenüber steht der **depressive Typus**. Menschen dieser Ausprägung haben ein großes Bedürfnis nach Nähe, Beziehung und Bindung. Es besteht ein Hang zur Selbstaufgabe und Selbstaufopferung und es fällt schwer, Grenzen zwischen sich selbst und anderen zu ziehen. Viele, die im pflegerischen und betreuenden Bereich tätig sind, werden sich unter diesem Typus wiederfinden, da sie eher bereit sind, anderen sehr empathisch zu begegnen. Das was der schizoide Typ zum Leben braucht, Eigenständigkeit und Freiheit, macht dem depressiven Typ Angst. Ihm fällt es schwer, sein eigenes Ich auszuprägen und in Abgrenzung zu anderen zu empfinden und vorzustellen. Distanz wird nur schwer ausgehalten. depressiver Typus

Den dritten Persönlichkeitstypus beschreibt *Riemann* als **zwanghaften Typus**. Für diesen ist die Sehnsucht nach Beständigkeit und Dauer konstitutiv. Das Leben soll sich in gewohnten und vertrauten Bahnen bewegen. Unordnung, Chaos und Veränderungen werden als Bedrohung erlebt. Vielmehr soll immer alles so bleiben wie es ist. Ein Mensch dieser Ausprägung wird einen Umzug in eine Pflegeeinrichtung als übergroße Be- zwanghafter Typus drohung empfinden. Oder das Sicherheitsgefühl gerät ins Wanken, weil die Pflegekraft die Kleidung nicht wie gewohnt in den Schrank einordnet.

hysterischer Typus

Diesem Persönlichkeitsbild wird der **hysterische Typus** gegenüber gestellt. Er zeichnet sich gerade durch das Bedürfnis nach Veränderung, Wechsel und den Wunsch nach Neuem aus. Diese Menschen streben in der Regel nach Freiheit und ständigem Neubeginn. Auch in Bezug auf ihre eigene Persönlichkeit wechseln sie gerne die Rollen, nach dem Motto: heute so – morgen anders. Im Extremfall kann man dann die eigene Persönlichkeit in all den unterschiedlichen Rollen gar nicht mehr wiederfinden und der Betroffene bewegt sich ständig in einer »Pseudorealität«. Dieser Persönlichkeitstyp fürchtet Einschränkungen, Traditionen und verbindliche Ordnungen. Es fällt ihm schwer, Gegebenheiten und Einschränkungen der eigenen Möglichkeiten zu akzeptieren. Jemand mit dieser Ausrichtung wird den Gedanken und das Erleben des Alterns und Abschiednehmen-Müssens nur sehr schwer in sein Leben integrieren können.

Jeder wird Anteile aller vier Persönlichkeitstypen in seiner Person wiederfinden. Alle Lebensimpulse, so nennt *Riemann* die Motivation, die jemanden zum Handeln bewegt, und alle vier Grundformen der Angst werden unterschiedlich stark ausgeprägt sein.

Je nach frühkindlicher Erfahrung ist dabei einer dieser Impulse und eine Form von Angst stärker oder sogar dominant. Das heißt nicht, dass man auf das entsprechende Persönlichkeitsmerkmal festgelegt ist.

Reifungsprozess

Vielmehr geht es darum, sich auch die anderen Ausprägungen und Antriebe zu handeln, anzueignen und in die eigene Persönlichkeit zu integrieren. Hierin sieht *Riemann* einen wünschenswerten Reifungsprozess.

Die eigene Angst dient in diesem Prozess als eine Art Leitfaden: Hat jemand z. B. ausgeprägte Angst vor Eigenständigkeit (depressiver Typ), so ist die Motivation, Beziehungen und Bindungen einzugehen, sehr stark. Diese Fähigkeit muss nicht weiter gestärkt und geübt werden, da sie eben schon sehr ausgeprägt vorhanden ist. Vor diesem Hintergrund sollte die eigene Aufmerksamkeit auf die Angst vor Eigenständigkeit und Grenzziehung gelenkt werden. Das Wahrnehmen dieser Angst und der konstruktive Umgang damit werden dazu führen, dass man auf unvertrautem Gebiet sicherer wird, seine Angst verliert und neue Handlungskompetenz hinzugewinnt.

Es geht nicht darum, bestimmten Einstellungen und Fähigkeiten den Vorrang zu geben, sondern eigene Handlungsmöglichkeiten zu erweitern. In diesem Sinne kann Angst als Chance im eigenen persönlichen Reifungsprozess begriffen werden.

2.4 Persönlicher Umgang mit Angst

Angst-Spüren, Angst-Haben gehört zu den Grunderfahrungen des Menschen. Dies gilt sowohl für die Einzelnen als auch für die Menschheit an sich. Gleichwohl kann dieses Empfinden in unserer Gesellschaft zu den tabuisierten Gefühlen gezählt werden. Sie sollen also nicht gezeigt und geäußert werden und finden in der Öffentlichkeit keinen Raum. Insgesamt besteht die Tendenz, Angstmachendes zu verdrängen, unsichtbar zu machen.

Diese Vermeidung der Angstauslöser verringert die Angst jedoch nicht. Außerdem kann man sich auf diesem Wege nicht von ihr befreien. Vielmehr verstärkt sich die Angst, wird immer unheimlicher und sucht sich andere, neue Objekte. Gravierend wird der Widerspruch zwischen Angst als Tabu und Angst als

Grunderfahrung an den Stellen, bei denen beide aufeinander prallen. In der Pflege, ambulant oder stationär und in den Hospizen, begegnet man als Pflegekraft und als Betreuer in potenzierter Weise Angst machenden Situationen wie Verlusterfahrungen, Krankheit, Leiden, Isolation. Die in solchen Situationen empfundene Bedrohung ist in einer bewussten Auseinandersetzung eher zu bewältigen als in deren Vermeidung.

Dabei ist es hilfreich und erleichternd, wenn es gelingt, eine Atmosphäre zu schaffen, die es erlaubt, eigene Ängste auszuprechen. Das gilt für das Gespräch zwischen Pflegekraft und Pflegebedürftiger ebenso wie für den Austausch unter Kollegen. Letzteres kann weiterführend im professionellen Rahmen geschehen wie in einer kollegialen Beratung oder innerhalb von Supervision. Hier dürfen Ängste benannt werden, ihre Bedeutung braucht nicht mehr heruntergespielt zu werden und es können Möglichkeiten eines akzeptierenden Umgangs mit ihnen entwickelt werden.

Angst gehört zum Mensch-Sein dazu. Sie fordert jeden Einzelnen zu einem konstruktiven Umgang heraus und kann so als Chance im persönlichen Reifungsprozess verstanden werden. Dennoch kann es gerade in (lang anhaltenden) Stress-Situationen vorkommen, dass Angstgefühle übergroß werden, sodass sie von den Betroffenen nicht mehr allein bewältigt werden können. Manchmal verlagert sich die Angst auf Objekte, die an sich harmlos sind. Oder sie steigert sich zu Panikattacken, die das Leben eines Menschen übermäßig und unerträglich einschränken. Wird Angst pathologisch (d. h. krankhaft) und hindert sie am Leben, dann ist es allerdings notwendig, sich ärztliche oder therapeutische Unterstützung zu holen.

2.5 Angst und Trauer

Gefühle von Trauer und Angst sind sich sehr ähnlich. Beide können als existenzielle Bedrohung empfunden werden und die Betroffenen sehen sich selbst zum Teil in Frage gestellt. Trauer kann auch Angst machen oder auslösen. Verliert jemand einen wichtigen Menschen, kommt es vor, dass die trauernde Person sich in ihrer ganzen Identität bedroht fühlt. Diese Angst machende Bedrohung kann auch entstehen, wenn Verluste von Beziehungen, Dingen oder anderen wichtigen Faktoren (Trennung, Wohnung, Arbeitsstelle etc.) erlitten werden. Auch bei Verlusterfahrungen dieser Art kann das Selbstbild ins Wanken geraten. Betroffene äußern manchmal in solchen Situationen, dass ihre ganze Welt zerbrochen ist, dass sie Angst haben, »sich zu verlaufen«, da jegliche Orientierung verloren gegangen sei. Sie erzählen von einem Gefühl der Unwirklichkeit und von der Angst verrückt zu werden.

Im Pflegealltag fällt es schwer, sich mit den Ängsten der Pflegebedürftigen und auch den eigenen Ängsten auseinanderzusetzen.

Zunächst wäre eine Art Rollenwechsel der Pflegekraft notwendig: vom aktiven Handeln hin zum passiven Begleiten. Letztlich muss nämlich der Trauernde selbst die Angst und die Traurigkeit aushalten und »durchschreiten«. Man kann nur da sein und ansprechbar werden bzw. bleiben. Dies ist für viele nur schwer auszuhalten, da sie gerade in ihrem Berufsfeld immer die »Macherinnen« sind. Dinge und Situationen müssen erledigt, sortiert und weggepackt werden. Einmal passiv zu bleiben, wird schnell als Nichtstun und ineffektiv empfunden. Einen belastenden Zustand auszuhalten, ohne ihn beseitigen zu wollen bzw. ihn ändern zu können, ist mit einem Rollenwechsel verbunden, der in der Alltagshektik und -routine nicht leicht gelingt.

passives Begleiten

Erschwert wird das Zulassen von Angst-äußerungen auch dadurch, dass beim Zuhörer häufig eigene Ängste aktiviert werden. Wenn jemand empathisch zuhört und dabei die innere Distanz verliert, können eigene Ängste und Angstphantasien aufsteigen und wiederum bedrohlich wirken. Hier ist es im Zuge der Professionalisierung notwendig, zwischen den eigenen Gefühlen und denen des Gegenübers zu unterscheiden. Zum gegenseitigen Unverständnis und Mißverständnis kann es kommen, wenn sich ganz unterschiedliche »Angsttypen« begegnen. Wenn, nach der Riemannschen Typenlehre, ein depressiv veranlagter Pfleger auf einen eher schizoiden Bewohner trifft, wird der Pfleger nur schwer verstehen können, warum der Bewohner allein in seinem Zimmer weniger Angst empfindet als im gemeinsamen Speiseraum.

Es ist also sehr nützlich, genau hinzuschauen und hinzuhören, welche Bewältigungsstrategien ein Mensch im Laufe seines Lebens entwickelt hat und diese gegebenenfalls zu unterstützen und zu fördern.

Aber auch an dieser Stelle sei noch einmal betont, dass es nicht Aufgabe der Pflegekraft sein kann, therapeutische Arbeit zu übernehmen. Dieser Anspruch würde zwangsläufig in die Überforderung und zum Burnout führen.

Wichtig scheint uns allerdings, Trauerprozesse in ihrer Verknüpfung mit Angstgefühlen zu verstehen, damit es gelingen kann, eine Atmosphäre zu schaffen, die auch solche Gefühle zulässt. Denn nur im bewussten Durchleben der Angst und auch der Trauer können beide zum persönlichen Entwicklungsprozess beitragen.

2.6. Praxisbeispiele

Praxisbeispiel 1

Frau O. musste vor einiger Zeit in ein Pflegeheim umziehen, da ihr Mann, der praktisch alle alltagsrelevanten Dinge erledigt hatte, plötzlich verstorben war. Beide lebten bis dahin in einer harmonischen Beziehung. Frau O. war sehr erschüttert über den Tod ihres Mannes. Überall erzählte sie, dass sie ihm bald folgen wolle und wie schön sie es dann wieder gemeinsam hätten.

Sie ist eine religiöse Frau und nahm bisher an den Andachten teil, die im Hause stattfinden.

Als am Nachmittag die Pflegerin Susanne Z. das Zimmer von Frau O. betritt, sieht sie diese fertig angekleidet im Sessel sitzen. Da kein Spaziergang oder Ähnliches geplant ist, fragt Susanne Z., was sie denn vorhätte. Frau O. antwortet daraufhin: »*Ich muss bereit sein, wenn Gott der Herr kommt.*« Erst jetzt fällt Susanne Z. die angespannte Haltung von Frau O. auf. Sie sitzt leicht vorgebeugt und verkrampft ihre Finger in ihrer Handtasche. Sie ist blass im Gesicht. »*Gott, der Herr wird mich doch holen. Ich muss bereit sein, wenn er mich vor sein Gericht stellt!*«, so wiederholt sie es immer wieder.

Praxisbeispiel 2

Pflegerin A. soll auf ihrer Station die Nachtwache vertreten. Hier lebt auch Herr K., dessen Frau vor kurzem gestorben ist. Seitdem ist er manchmal leicht verwirrt und »geistert« vor allem nachts durch den Gang. Man kann sich leicht erschrecken, wenn er auf einmal aus dem Dunkeln auftaucht. Dann sucht er häufig die Nähe des Pflegepersonals. Manchmal fasst er dann nach der Hand oder berührt den Arm, manchmal ist er dabei aber auch aggressiver und kneift oder boxt in den Arm. Frau A. erzählt ihrer Kollegin Frau M., dass ihr die Nachtwache unheimlich ist und sie Angst vor den Begegnungen mit Herrn K. hat.

Übungen zur Selbsterfahrung und Reflexion

Für die Einzelarbeit:

1. Welche Situationen in der Begegnung mit alten, gebrechlichen Menschen machen Ihnen Angst? Wie wird in Ihrem Arbeitsumfeld mit Angst machenden Situationen umgegangen?
2. Angst ist in der Regel in verschiedenen Körperteilen zu spüren. Erinnern Sie sich, wo Sie persönlich am ehesten die Angst spüren. Fallen Ihnen Redewendungen ein, die die körperlichen Symptome von Angst ausdrücken (»Das Herz schlägt mir bis zum Hals«)?
3. Überlegen Sie anhand des Persönlichkeitsmodells von *Fritz Riemann*, welchem der vier Persönlichkeitstypen Sie sich am ehesten zuordnen würden. Notieren Sie sich eine kurze Begründung Ihrer Wahl und überlegen Sie, ob es für Sie sinnvoll wäre, sich auch in die entgegengesetzte Richtung weiterzuentwickeln. Welche Schritte wären dazu notwendig?
4. Frau O. äußert sich ganz unterschiedlich zum eigenen Sterben. Welche inneren Haltungen bringt sie zum Ausdruck?
5. Wie sollte sich Ihrer Meinung nach die Pflegerin von Frau O. verhalten? (Beispiel 1)
   Wie sollte sich Ihrer Meinung nach Frau M. gegenüber Ihrer Kollegin Frau A. verhalten? (Beispiel 2)

Für die Gruppenarbeit:

1. Tragen Sie die Erfahrungen aus der ersten Aufgabe (Einzelarbeit) zusammen. Ähneln sich die Erfahrungen? Suchen Sie gemeinsam nach Möglichkeiten, mit den erlebten Schwierigkeiten sinnvoll umzugehen.

2. Diskutieren Sie in der Gruppe die Verhaltensvorschläge zu den Praxisbeispielen 1 und 2. Spielen Sie die jeweiligen Begegnungen im Rollenspiel durch und weiter.
3. Finden Sie Beispielsituationen aus Ihrem Ausbildungs- / Berufsalltag, in denen das Handeln von Angst bestimmt oder beeinflusst wird.

Prüfen Sie Ihr Wissen

a) Was versteht man unter dem Begriff »Angsttabu«?

b) Wie kann man es sich erklären, dass es immer wieder zu so genannten »**Patiententötungen**« kommt?

c) Erklären Sie in eigenen Worten das **Persönlichkeitsmodell nach** *Fritz Riemann*.

d) **Angst** kann **als Behinderung und / oder als Chance** empfunden werden. Wie verstehen Sie das?

e) Beschreiben Sie, warum gerade bei **Verlusterfahrungen** große **Angstgefühle** entstehen können.

Ausgewählte Literatur zur Vertiefung

Kast, V.: Vom Sinn der Angst. Freiburg [4]1996.

Richter, H.-E.: Umgang mit Angst. Hamburg 1992.

Riemann, F.: Grundformen der Angst. 1998.

Tausch, A.-M.: Gespräche gegen die Angst, Reinbek 1998.

Wolf, D.; Merkle, R.: So überwinden Sie Prüfungsängste. Mannheim 1998.

3. Trauer in der Lebensgeschichte alter Menschen

3.1 Biografiearbeit mit alten Menschen

»Unsere Neugier auf die Geschichte(n) der Alten beruht in unserem Verständnis nicht auf dem Wunsch nach einer möglichst vollständigen Daten- und Ereignissammlung, sondern konzentriert sich auf subjektiv geprägte Lebenswirklichkeiten und die Suche nach der je eigenen Persönlichkeit und Identität. Woher komme ich? Wer bin ich? Wo will ich hin? Und auf welche Weise ist mein Lebenslauf in das zeitliche und räumliche Umfeld eingebettet?« (vgl. *Blimlinger* u. a. 1996, S. 2)

So beschreiben die vier Autorinnen in der Einleitung ihres Buches *»Lebensgeschichten – Biographiearbeit mit alten Menschen«* die Motivation und Absicht biografischen Arbeitens im Rahmen professioneller Altenhilfe. Sie wollen mit ihrem biografischen Ansatz in erster Linie zu einer Haltung anregen, die das Leben alter Menschen **ganzheitlich** betrachtet. Der Mensch wird also nicht nur in seiner gegenwärtigen Situation betrachtet, oft geprägt von Krankheit, Verwirrtheit, Schmerz, Isolation und sich wiederholenden, im Kreis drehenden Geschichten und Litaneien. Sondern der ganze Mensch wird als Persönlichkeit, mit seinen Erfahrungen, seiner besonderen Geschichte, seinen Höhen und Tiefen des je eigenen Lebenslaufs in den Blick genommen.

Biografisches Arbeiten bedeutet in diesem Sinne zuallererst eine Haltung von Interesse und Neugier auf die Lebensgeschichte(n) und Lebenserfahrungen von Menschen, die am Ende ihres Lebens stehen und aus der Gegenwart auf den Verlauf ihrer gelebten Jahre und die damit verbundenen Erinnerungen zurückblicken.

Es bedeutet auch, dass von seiten des Pflege- und Betreuungspersonals versucht wird, das gegenwärtige Verhalten und die gegenwärtigen Bedürfnisse alter Menschen vor dem Hintergrund ihrer gesamten Biografie zu verstehen. Nicht um eine möglichst vollständige Datensammlung zusammenzustellen, sondern um den Sinn und um sinnvolle Zusammenhänge im Leben und Handeln individueller Lebensläufe zu erspüren und darauf einzugehen.

Die Autorinnen haben in ihrem Buch Leitlinien für eine »biografische Pflege« entwickelt, die hier kurz vorgestellt und erläutert werden sollen.

1. Lebenserfahrungen und biografisches Verstehen sind nicht abzukoppeln von dem Menschen, der sie erfahren hat.
2. Lebenserfahrung hat positiven Einfluss auf die Lebensqualität der Gegenwart, wenn wir Vergangenes durch eine Absicht lebendig halten.
3. Das Einbeziehen von Lebenserfahrung verändert unsere Haltung zu alten Menschen – Beziehung statt Erziehung und Sorgetragen.
4. Wir lassen uns von Lebenserfahrung berühren und fühlen mit, ohne mitleiden zu müssen.
5. Interesse an Lebenserfahrung haben heißt nicht, dass die Erfahrungen wieder allgegenwärtig werden müssen (vgl. *Blimlinger* et.al., S. 112–115).

Letztlich geht es darum, eine vertrauensvolle Beziehung zwischen Pflegebedürftiger und Pflegekraft einzugehen und über die Auseinandersetzung mit der Lebensgeschichte die Identität der nun pflegebedürftigen Person zu stärken. Dies geschieht im Rahmen von Gesprächen. Gesprächsanlässe können die Frage nach

ganzheitliche Betrachtung

Biografisches Arbeiten

Lebensgeschichte(n)

dem subjektiven Erleben lebensgeschichtlicher Phasen und Zäsuren sein wie:

- Geburt (die Welt, in die ich hineingeboren wurde),
- Kindheit, Schule und Schulzeit (Mein erster Schultag, Lernen fürs Leben?),
- Aus-/Fort-/Weiterbildung (Was soll ich einmal werden? Was ich geworden bin),
- Arbeitsaufnahme (Wie für mich das Arbeitsleben begann),
- Liebe (Meine ersten Erfahrungen mit Liebe und Sexualität),
- Heirat/Hausstandsgründung/Lebensform (Meine / unsere eigene Welt),
- Berufswelten / Arbeitsleben (Was ich dann geworden bin – wie es mit meiner Arbeit aussah),
- evtl. Geburt von Kindern (Die nächste Generation – Familienleben),
- Krisen und Entscheidungen (Als es nicht mehr so weiterging),
- FreundInnen/Kontakte (Mit wem mich gemeinsame Interessen und Freundschaften verbunden haben),
- Pensionierung, Altern Pensionsalltag (Allmählicher Übergang zum Altwerden, Rückzug aus gesellschaftlicher oder familiärer Verantwortung),
- Bilanz (Mein Leben im Rückblick)
- Ausblick (Mein Leben heute und in Zukunft).

3.2 Trauer als Krisenerfahrung in der Biografie

Zu Krisenerfahrungen im Leben zählen insbesondere auch die erlittenen Verluste, Trennungen und Abschiede von geliebten Menschen und die Trauer darüber. Je älter ein Mensch wird, desto größer wird auch die Wahrscheinlichkeit, dass er solche Krisenerfahrungen macht und wieder machen wird.

Manche Menschen werden schon sehr früh im Leben, als Kind, mit einschneidenden Krisen- und Trauererfahrungen konfrontiert, andere erst in späteren Lebensphasen. Alle pflegebedürftigen alten Menschen blicken jedoch auf solche Verlusterfahrungen zurück – auf die Menschen, die man bereits verloren hat und auf die Tode, die man selbst im Leben gestorben ist.

Einige von ihnen befinden sich darüber hinaus in einer Situation, die in der Gerontologie als »sozialer Tod« umschrieben wird. Damit ist eine Isolation, eine Einkerkerung in das eigene Ich gemeint, die keine Hoffnung auf die Zukunft und keine sozialen Bezüge mehr kennt. Sie drückt sich durch Vereinsamung, depressives Versunken-Sein, Kontaktarmut, Sprachlosigkeit und Bewegungslosigkeit aus.

Oft wirken diese alten Menschen von außen, als warteten sie nur noch auf den biologischen Tod. Sie nehmen nicht mehr teil oder können nicht mehr teilnehmen an dem, was um sie herum geschieht. Sie wirken abgeschnitten von ihrer Umgebung und leben in ihrer eigenen Welt, wie erstarrt in Trauer und Trostlosigkeit.

Für manche Menschen mag am Ende ihres Lebens das Bündel ihrer Leiden und Schmerzen, ihrer Verlorenheit und Desorientiertheit, ihrer Verwirrung und Trauer so überwältigend und unerträglich geworden sein, dass eine Bewältigung nicht mehr möglich ist. Und im Zusammenhang mit Trauer ist hier nicht nur der Verlust naher Menschen, sondern auch der Verlust an körperlicher und geistiger Gesundheit, die Aufgabe der eigenen Wohnung, die Aufgabe lieb gewonnener Interessen und Gewohnheiten, so wie die Einschränkung des eigenen Bewegungsradius und der Mobilität gemeint. All diese Erfahrungen können Trauer auslösen oder bewirken, aus der vielleicht kein Weg mehr herausführt, die im Sinne der Melancholie/Depression nach *Freud* dann chronisch wird.

Dies sollte Altenpflegerinnen und andere Betreuer in der Altenhilfe aber nicht davon abhalten, die Lebensgeschichte(n)

sozialer Tod

Krisen- und Trauererfahrungen

ihrer Klienten auch im Hinblick auf die Schattenseiten und Krisenerfahrungen zu verstehen versuchen und das Verständnis dann in die praktische Arbeit und in die Gestaltung der Beziehung einzubinden. Sie sollten einfühlsam und mitfühlend mit ihnen umgehen und sie nicht wie tote Gegenstände, Nummern oder Pflegefälle behandeln, sondern mit allen zur Verfügung stehenden Methoden Lebenskräfte zu wecken und Lebensqualität zu erhalten trachten.

Wie ein Mensch im Laufe seines Lebens gelernt hat, mit Krisensituationen, mit Verlusten und Trauergefühlen umzugehen, das wird auch eine Rolle spielen, wenn es um den letzten Abschied, das Loslassen des Lebens selbst, wenn es ans Sterben geht. Für manche kommt der Tod plötzlich und überraschend, für sehr schwer kranke, auch sehr alte kranke Menschen, kommt er Schritt für Schritt und kann – falls gewünscht – bewusst begleitet werden. Wie ein Mensch Krisen und Trauer in seinem Leben verarbeitet und bewältigt, hängt nicht ausschließlich von der Quantität und der Schwere solcher Erfahrungen ab, sondern auch von den Zeitpunkten und den Bedingungen, unter denen sich diese Erfahrungen ergaben. Weiterhin von den persönlichen Entwicklungsvoraussetzungen und Fähigkeiten, mit Verlusten so umzugehen, dass sie nicht zu einer dauernden Existenzbedrohung werden oder verdrängt und verleugnet werden müssen.

Die Fähigkeit, mit Krisen so umzugehen, dass sie positiv bewältigt und verarbeitet werden können, nennt man in der Psychologie Coping. (Das Verb »to cope« kommt aus dem Englischen und bedeutet soviel wie »mit etwas fertig werden, etwas bewältigen«). Wie ein Mensch im Verlauf seines Lebens gelernt hat, mit Trauer fertig zu werden, hängt also nicht zuletzt von seinen Coping-Strategien ab. Dies gilt für alte wie für junge Menschen, für Pflegekräfte wie für Pflegebedürftige.

Coping

3.3 Trauererfahrung und Coping

Verschiedene Menschen reagieren auf gleiche oder ähnliche Erlebnisse und Erfahrungen ganz unterschiedlich. Dies gilt auch für ganz kleine Kinder, selbst wenn sie nah beieinander unter ganz ähnlichen Bedingungen aufwachsen. Durch Interaktion und in Reaktion auf die Umwelt und andere Menschen wird schon früh eine eigene Persönlichkeit erkennbar, die sich einzigartig und subjektiv im Handeln ausdrückt. Im Verlauf der Lebensgeschichte geht es also immer schon um das Zusammenspiel zweier Komponenten: auf der einen Seite die Orte, Lebensumstände und Beziehungen, in die man hineingeboren wird, Erfahrungen, die man macht, Dinge, die einem passieren, Menschen, die einem begegnen, und auf der anderen Seite das subjektive Erleben und Handeln, das, was man mit den Erfahrungen macht, wie man auf sie reagiert, wie man empfindet, denkt und mit dem, was einem begegnet, umgeht, wie man selbst die Welt wahrnimmt und in ihr handelt, auch wie man die eigene Geschichte/Vergangenheit im Rückblick deutet und interpretiert.

Erfahrungen von Verlust und Trauer sind für alle Menschen zunächst existenzielle Krisenerfahrungen und oft mit Ängsten verbunden. Das, was an solchen Erfahrungen individuell und einzigartig ist, ist das subjektive Erleben und Handeln der Einzelnen, das auch nur individuell erfahrbar und darstellbar ist: die ganz persönliche Geschichte.

Wie ein Mensch mit seiner persönlichen Geschichte und mit einem Verlusterlebnis, z. B. dem Tod eines geliebten Menschen, umgehen und »fertig werden« (im Sinne von: damit weiter leben) kann, hängt neben Art und Schwere des Verlustes auch von vorher durchlebten Verlusterfahrungen und den ersten und frühesten Eindrücken ab, die im Zusammenhang von Sterben, Tod und Trauer gesammelt wurden. Jeder entwickelt im Umgang mit Krisen bestimmte Möglichkeiten und Strategien zu deren Bewältigung und Überwindung.

Die Fähigkeit mit schwierigen Situationen konstruktiv umzugehen, damit weiter zu leben und sie so zu meistern, wird als Coping bezeichnet. Im Gegensatz zu dem, was einem von außen zustößt (Schicksalsschläge, denen man ausgesetzt wird, als deren Opfer man sich empfindet) werden hier das eigene Potenzial und die aktiven, gestaltenden Kräfte betont, mit denen der Einzelne einer Krisensituation begegnet. *Verena Kast* hat das folgendermaßen ausgedrückt: »*Das Gegenbild zum Opfer ist der Gestalter, in ihm sind Aspekte des Opfern-Müssens, des Immer wieder Opfern-Müssens mit denen der Aggression vereint, im Sinne des Gestalten-Wollens, des Dranbleibens, der trotzig immer noch jene Möglichkeit bearbeitet, die sich ergibt.*« (vgl. *Kast* 1994, S. 152)

Solche Strategien des Gestaltens können ganz unterschiedlich aussehen. Das Gegenteil davon ist die Verdrängung, Verharren in der Opferrolle, wobei eine bewusste Auseinandersetzung mit den Gefühlen, die ein Verlust hervorruft, vermieden werden soll. Doch das kann auf Dauer nicht ohne psychische Folgen vermieden werden. Für Pflegekräfte ist es wichtig zu verstehen, dass Prozesse der Auseinandersetzung und des Coping nicht von außen in Gang gesetzt werden können und auch nicht forciert werden sollten. Jeder geht hier nach Persönlichkeit und Lebensgeschichte seinen eigenen Weg. Es besteht bei anderen immer nur die Möglichkeit des »Dranbleibens«. Eine Richtungsänderung im Sinne des Coping kann allein im Hinblick auf das eigene Leben bewirkt werden.

Für die Ziele des Biografieansatzes innerhalb der Altenhilfe bedeutet dies, dass die Betreuenden sich mit Deutungen, Bewertungen und Interpretationen von Lebens-Geschichten anderer eher zurück-halten und vorsichtig damit umgehen sollten, insbesondere auch was Fragen nach der Bewältigung von Trauer und Trauererfahrungen angeht.

3.4 Praxisbeispiele

Praxisbeispiel 1

Frau U. lebt in einer betreuten Alten-wohnanlage in ihrem eigenen Appartement. Sie leidet schon seit vielen Jahren an Diabetes, ist aber sonst mit ihren neunzig Jahren noch rüstig und gesund. Von Zeit zu Zeit gerät sie in depressive Verstimmungen, die aus den aktuellen Situationen nicht recht erklärlich sind. Die betreuende Sozialarbeiterin weiß aber, das Frau U. vor fünf Jahren ihren Mann verloren hat, mit dem sie zweiundsechzig Jahre verheiratet war. Außerdem ist aus ihrer Lebensgeschichte bekannt, dass bereits alle vier Kinder verstorben sind und Frau U. darunter leidet, dass sie nur selten Besuch von ihren zwei Enkeln bekommt. Mit diesen wünscht sie sich eigentlich mehr und intensiveren Kontakt, kann dies den Enkeln gegenüber aber nicht direkt aussprechen, weil sie fürchtet, dass diese dann noch seltener kommen.

Gestalten-Wollen

Verdrängung

Am Todestag ihrer jüngsten Tochter sitzt Frau U. in sich versunken und leise weinend am Fenster in ihrem Zimmer, als die Pflegerin hereinkommt, um ihr die Insulininjektion zu verabreichen. Als die Pflegerin freundlich fragt, was denn los sei, antwortet Frau U. traurig: »*Wenigstens heute, am Todestag seiner Mutter, hätte er sich doch mal bei mir melden können. Früher sind wir immer zusammen zum Friedhof gefahren und haben ihr frische Blumen gebracht. Und jetzt komme ich allein nicht mehr hin und keiner kümmert sich.*«

Dranbleiben

Praxisbeispiel 2

Herr K. befindet sich nach einem schweren Schlaganfall auf der geriatrischen Pflegestation einer Rehabilitationsklinik. Da das Sprachzentrum stark geschädigt ist, leidet Herr K. seit dem Anfall vor fünf Monaten unter anderem auch an Aphasie. Vor seiner Einweisung in ein Krankenhaus lebte er selbstständig und allein in seinem eigenen Haus.

Dem Pflegepersonal in der Klinik fällt auf, dass Herr K. große Schwierigkeiten hat, sich an die neue Situation starker Abhängigkeit, verbunden mit äußerst eingeschränkten Möglichkeiten der Verständigung, zu gewöhnen. Häufig scheint er gegen Hilfeleistungen und Unterstützung von Pflegern und Physiotherapeuten zu rebellieren. Dabei wird er sehr aufgeregt, versucht vergeblich, sich zu artikulieren. Manchmal fegt er das für ihn zubereitete Essen vom Tisch, wirkt dabei verzweifelt und wütend und beruhigt sich nur langsam wieder. Wenn der Physiotherapeut kommt, zeigt er oft ebenso wütendes und verzweifeltes Abwehrverhalten gegenüber den Übungsangeboten.

Übungen zur Selbsterfahrung und Reflexion

Für die Einzelarbeit:
1. Versetzen Sie sich in die Lage von Frau U. und Herrn K. Wie erleben sie ihre Situation? Wie drückt sich ihre Trauer gegenüber ihrer Umwelt aus? Worüber trauern sie?
2. Versetzen Sie sich nun in die Lage der Pflegerin (Beispiel 1). Wie reagieren Sie auf die Trauer von Frau U.?
3. Versetzen Sie sich in die Lage des Physiotherapeuten oder einer Pflegerin (Beispiel 2). Wie wirkt das Verhalten von Herrn K. auf Sie? Wie könnten Sie ihm helfen?
4. Wie sehen Sie die geschilderten Beispielsituationen vor dem Hintergrund der knappen Informationen aus der Biografie von Frau U. und Herrn K.? Worin besteht Ihrer Meinung nach die aktuelle Krise?

5. Wo sehen Sie Coping-Ansätze im Handeln von Frau U. und Herrn K.?

Für die Gruppenarbeit:
1. Diskutieren Sie in der Gruppe Zusammenhänge zwischen Lebensgeschichte (Biografie) und aktueller Trauer in den geschilderten Beispielsituationen.
2. Entwickeln Sie anhand eines kurzen Dialogs zwischen Frau U. und Pflegerin eine mögliche Fortsetzung des Gesprächs, in dem die Pflegerin der Trauer nicht ausweicht.
3. Versuchen Sie, jeder in der Gruppe, den anderen ein Anliegen, das sie vorher auf einen Zettel schreiben und der Gruppe nicht zeigen, zwei Minuten ohne Worte, nur mit Gesten und durch Mimik, verständlich zu machen. Prüfen Sie, inwieweit Sie verstanden werden und berichten Sie davon in der Großgruppe.

Prüfen Sie Ihr Wissen

a) Erläutern Sie mit eigenen Worten, was man unter **Biografiearbeit** oder dem biografischen Ansatz **in der Altenhilfe** versteht.

b) Was unterscheidet einen **alten Menschen im Umgang mit Verlusten** möglicherweise von einem noch jungen Menschen, der einen Verlust erleidet?

c) Beschreiben Sie den Begriff »**sozialer Tod**« anhand einer fiktiven älteren Person. In welcher Situation befindet sie sich? Wie verhält sie sich?

d) Wie können Sie mit eigenen Worten den Begriff des **Coping** beschreiben?

e) Trauer ist ein Prozess, der vielfältige Gefühle und Einstellungen umfassen kann. Verena Kast spricht im Umgang mit Trauer von den **Rollen des Opfers und des Gestalters**, die wir in Trauer möglicherweise abwechselnd erleben. Beschreiben Sie den Unterschied.

Ausgewählte Literatur zur Vertiefung
Blimlinger; Ertl; Koch-Straube; Wappelshammer: Lebensgeschichten – Biographiearbeit mit alten Menschen. Hannover 1996.

Jerneizig, R.; Langenmayr, A.; Schubert, U.: Leitfaden zur Trauertherapie und Trauerberatung. Göttingen 1994.

Kast, V.: Sich einlassen und loslassen. Neue Lebensmöglichkeiten bei Trauer und Trennung. Freiburg i. Br. 1994.

Petzold, H.: Mit alten Menschen arbeiten. München 1985.

Thomae: Alternsstile und Altersschicksale. Bern 1983.

Wahl, H. W.: Das kann ich allein! Selbständigkeit im Alter: Chancen und Grenzen. Bern/Göttingen 1991.

4. Demenz als Trauersituation

4.1 Demenzen und Verwirrtheit

Demenz wird durch physische Veränderungen im Gehirn ausgelöst. Solche Veränderungen betreffen Hirngewebe und/oder die Gefäße und sind chronisch, also irreversibel. Demenz bezeichnet nicht die Krankheit an sich, sondern stellt ein Symptom dar. Hauptmerkmale sind hirnorganische Veränderungen, die sich als Gedächtnisfunktionsstörungen, d. h. in Form von zunehmender Verwirrtheit und Desorientierung, äußern.

Formen von Demenz

Es sind hauptsächlich zwei Formen des Krankheitsbilds vertreten. Zum einen die Multi-Infarkt-Demenz, bei der chronische Hirndurchblutungsstörungen vorliegen. In unterschiedlichen Hirnregionen kommt es zu kleinen Infarkten, aus denen eine Zerstörung des Gewebes resultiert. Zum zweiten gibt es die Demenz nach der Form der Alzheimerschen Krankheit. Hier kommt es zu Strukturveränderungen im Gehirn, die ebenfalls irreversibel sind. Bisher wurde jedoch weder die genaue Ursache geklärt, noch eine wirksame Therapie entwickelt. Es kommt auch vor, dass jemand von beiden Formen betroffen ist. In allen Fällen treten mit der Zeit massive Gedächtnisstörungen auf und intellektuelle Funktionen und Fähigkeiten gehen nach und nach verloren. Dabei wurde festgestellt, dass das Altgedächtnis am längsten erhalten bleibt, also weit zurückliegende Ereignisse länger erinnert werden. Bei der Multi-Infarkt-Demenz kann der Abbau sprunghaft geschehen, da jeweils unterschiedliche Hirnregionen betroffen sein können. Bei der Demenz nach Typ Alzheimer ist ein stetig fortschreitender Prozess zu beobachten. Für den Umgang mit den betroffenen Menschen und deren Pflege ist diese Unterscheidung jedoch nicht von Bedeutung.

Multi-Infarkt

Alzheimersche Krankheit

irreversible Veränderungen

Die Abnahme der intellektuellen Fähigkeiten geschieht zunächst langsam und schreitet dann in einem kontinuierlichen oder sprunghaften Prozess voran. Die Betroffenen registrieren, dass sie stetig und zunehmend mehr vergessen. Zunächst kann dieses Vergessen noch gut kompensiert werden, z. B. durch Notizen, aber irgendwann ist dies nicht mehr möglich. Das eigene Leben wird immer weiter eingeschränkt. Zuerst vergisst man Kleinigkeiten oder Namen von nur entfernt Verwandten, dann vielleicht gehäuft Termine. Später wird Autofahren unmöglich und der Beruf muss aufgegeben werden. Irgendwann kann man nicht mehr allein leben; man hat schließlich vergessen, wie man Schuhe anzieht oder auch, was Schuhe eigentlich sind. Die Namen der nächsten Angehörigen sind nicht mehr präsent, dann werden auch die nächsten Menschen vergessen: Man weiß nicht mehr, wer sie sind und in welcher Beziehung man zu ihnen steht. Irgendwann vergisst man sich selbst: Man kann den eigenen Namen nicht mehr zuordnen und erinnert die eigene Geschichte nicht mehr. Im weit fortgeschrittenen Zustand geht die Sprachfähigkeit weitestgehend verloren, es werden nur noch etwa fünf oder sechs Wörter beherrscht. Die Betroffenen werden schließlich fast völlig sprachlos und kommunikationsunfähig. Neben den intelektuellen Fähigkeiten gehen auch andere Funktionen verloren: Man kann nicht mehr gehen, dann nicht mehr stehen und erstarrt letztendlich in sich selbst.

Im Zusammenhang mit Demenzen wird auch von Verwirrtheit gesprochen. Beides umschreibt eine immer umfassender werdende Desorientiertheit. Genauer und im Einzelnen handelt es sich um örtliche, zeitliche, situative, personelle und persönliche Desorientiertheit. Da findet jemand sein Zimmer, die Toilette etc. nicht wieder oder weiß das aktuelle Datum nicht mehr und erkennt Tageszeiten nicht richtig. Situative Desorientiertheit äußert sich in der Unfähigkeit, Objekte der Situation angemessen zu gebrauchen: sich mit einer Gabel die Haare kämmen zu wollen usw. Weiter werden die Namen von Bekannten vergessen und Angehörige nicht mehr erkannt. Persönliche Desorientiertheit meint die oben beschriebene Schwierigkeit, sich selbst zu erkennen, sich seiner eigenen Persönlichkeit gewiss zu sein.

Demenz oder chronische Verwirrtheit unterscheidet man von akuter Verwirrtheit (Delir). Sie kann durch Krankheiten, z. B. Niereninsuffizienz, oder auch durch Unterernährung und durch starke Medikamentengabe ausgelöst werden. Behandelt man die Ursache eines Delirs (schnell), so löst sich die Verwirrtheit in der Regel wieder auf.

Außerdem kann großer Stress oder ein Verlusterlebnis, z. B. der Tod des Partners oder eines Kindes, zu Verwirrtheit führen. Auch wieder aufbrechende Trauer über einen schon lange Zeit zurückliegenden Verlust kann Stress und Verwirrtheit auslösen. Gelingt es dem Betroffenen, diesen Verlust anzuerkennen und in das eigene Leben zu integrieren, bildet sich auch hier die Verwirrtheit in der Regel zurück.

Aber nicht jedes Verhalten alter Menschen, das einem Außenstehenden als verwirrt erscheint, ist auch tatsächlich als solches oder gar als dement zu etikettieren. Verwirrtheit oder Vergesslichkeit sind keine Kennzeichen des Alterns oder des Alters an sich. Die meisten Menschen zeigen auch als Hochbetagte keine auffällig fortschreitende Vergesslichkeit. Jedoch geschehen im Alter Veränderungen, die zu einem, der jeweiligen Situation unangemessenen Verhalten, führen können und von außen mangels besseren Wissens als Verwirrtheit eingeschätzt werden könnten. So wird der Mensch im Laufe seines Lebens langsamer, daraus folgt wiederum eine verlängere Reaktionszeit. Auch braucht das Lernen neuer Inhalte längere Zeit. Komplexe Zusammenhänge oder Situationen werden in ihrer Komplexität nicht so schnell verstanden und verarbeitet und es kann in der Folge zu unangepasstem Verhalten kommen. Plötzliche Veränderungen werden ebenfalls nicht mehr so schnell verkraftet und verarbeitet. Intellektuelle Fähigkeiten sind aber insgesamt nicht altersabhängig. Vielmehr entsprechen sie dem derzeitigen und früheren sozialen Umfeld. Es spielt eine wesentliche Rolle, ob dieses Umfeld eher anregend wirkt oder Langeweile ausstrahlt.

Darüber hinaus wird das Alter häufig noch als defizitäres Lebensalter beurteilt. Das entspricht dem Vorstellungmodell eines permanenten Abbaus mit zunehmenden Alter. Das Augenmerk wird auf das gerichtet, was schwächer wird oder nicht mehr gekonnt wird. Weniger auf das, was an Kompetenzen vorhanden ist. Im Allgemeinen ist es sehr schwer, sich den daraus folgenden Zuschreibungen zu entziehen. Wenn Stereotypen und Klischeevorstellungen suggerieren, dass man im Alter »wunderlich« oder vergesslich wird, so wundert es wiederum nicht, wenn viele Menschen, ohne es bewusst zu wollen, diesen Vorstellungen entsprechen (zum Teil »self-fullfilling-prophecy«). Gerade für professionelle Altenpflegerinnen gilt es also, genau hinzuschauen, ob es sich um tatsächlich krankheitsbedingte Demenz handelt oder ob das Verhalten nur unplausibel scheint oder aus dem »Bedienen« von Klischees hervorgeht. Nach entwicklungspsychologischem Verständnis stellt jede Lebensphase bestimmte Entwicklungsaufgaben an die

Desorientiertheit

chronische und akute Verwirrtheit

Stress als Auslöser

Menschen. Die Prioritäten ändern sich und infolge dessen auch die Motivation, etwas zu tun und sich mit etwas zu beschäftigen. Im Alter erfolgt häufig eine stärkere Auseinandersetzung mit der eigenen Vergangenheit. In dieser Auseinandersetzung kann es dann durchaus unwesentlich sein, ob heute Montag oder Dienstag ist. Auch kann es wichtiger sein, sich mit der lang zurückliegenden Kindheit oder Schulzeit zu beschäftigen, als heute etwas Neues zu lernen.

In solchen Momenten ist es hilfreicher, auf Orientierungsmaßnahmen zu verzichten, als zu versuchen, die aktuelle Situation zu thematisieren. Auch wenn für eine Pflegekraft, die viel jünger ist, und sich ganz anderen Aufgaben stellen muss, diese Beschäftigung mit der Vergangenheit sehr anstrengend ist oder bei ihr sogar Unverständnis hervorruft.

Erinnerungsverlust

Diese »Reisen in die Vergangenheit« finden manchmal einen sehr starken emotionalen Ausdruck. So kann es geschehen, dass jemand einen persönlichen Verlust, der vielleicht schon Jahrzehnte zurückliegt, noch einmal oder vielleicht zum ersten Mal heftig betrauert und in starkes und/oder lang anhaltendes Weinen ausbricht. Oder jemand kommt von solch einem Erlebnis gar nicht mehr los, erzählt immer wieder die gleiche Geschichte, manchmal nur in Fragmenten und weint leise vor sich hin. Die Beschäftigung mit Erinnerungen, die emotional hoch besetzt sind, kann sehr kräftezehrend sein. Häufig drehen sich die Erinnerungen und Gedanken um frühere Konflikte oder Verlusterfahrungen. Man kann fast sagen, dass sich der Betroffene in einem Zustand der »zeitlichen Ungleichheit« befindet.

Beziehungsverlust

In dieser Situation ist es sinnvoll und angebracht, den alten Menschen auf seiner »Zeitreise« zu begleiten. Auf ein Wahrnehmen und Realisieren der aktuellen zeitlichen Situation zu bestehen würde ihm nicht helfen, die Trauergefühle zu formulieren und vielleicht zu lernen, den erfahrenen Verlust zu akzeptieren. Dazu sollte ein äußerer Rahmen geschaffen werden, der emotionale Sicherheit gibt. Ein Zulassen und Bearbeiten der dann auftauchenden Erlebnisse und Gefühle ist nur in einer angenehmen und entspannten Atmosphäre möglich.

4.2 Demenz als Verlusterfahrung

Die Veränderungen innerhalb des dementen Prozesses beschreiben schwere Verlusterfahrungen, die von starken Trauergefühlen begleitet werden. Dies gilt zunächst für den unmittelbar Betroffenen im Anfangsstadium. Er registriert, je nach Verdrängungs- und Kompensationsmöglichkeiten früher oder später, dass ihm Erinnerungen verloren gehen. Diese Erinnerungen betreffen sowohl ganz alltägliche Fähigkeiten als auch die eigene Geschichte, von der Abschied genommen werden muss. Hinzu kommt der totale Kontrollverlust über das eigene Leben: In Zukunft werden andere Menschen darüber bestimmen. Andere werden alle Entscheidungen treffen. Man muss Abschied nehmen ohne zu wissen, wohin und wie es weiter gehen wird. Dies ist äußerst bedrohlich für das eigene Selbstempfinden. Auch für die nahen Angehörigen ist die Demenz einer ihnen vertrauten Person geprägt von Verlust und Trauer. Die Persönlichkeit des Menschen verändert sich sehr stark, die Verständigungsmöglichkeiten nehmen im Laufe der Zeit ab und reduzieren sich schließlich auf eine minimale non-verbale Kommunikation.

Problematisch erweist sich für manche Menschen in bestimmten Beziehungen auch besonders der Rollenwechsel. So müssen dann Kinder für ihre Eltern die fürsorgende Elternrolle einnehmen. Manche verweigern sich einer solchen Beziehung, weil sie diesen totalen Rollenwechsel als Überforderung empfinden und nicht ertragen können. Das neue Abhängigkeitsverhältnis wirkt auf viele verunsichernd.

Die gemeinsame Geschichte existiert nur noch für die eine Seite, die andere hat sie irgendwann verloren. Sie bildet jedenfalls für den Betroffen und den Angehörigen oder Freunde keine verbindende Plattform mehr. Interaktionen sind sehr stark eingeschränkt oder kaum mehr möglich. Überdies wird es als massive Verunsicherung erlebt, wenn man als Angehöriger nicht mehr als Person erkannt wird. Auch wenn andererseits die Anwesenheit eines vertrauten Menschen vom Demenzkranken durchaus wahrgenommen wird und entspannend wirkt.

Für Menschen, die ihre dementen Angehörigen zu Hause pflegen, kommt zu der enormen körperlichen und aus der Organisation des Alltagslebens entstehenden Belastung noch eine starke psychische Belastung hinzu. Die Beziehung hat sich gravierend verändert, die Rundum-die-Uhr-Betreuung ist kaum noch ohne Überlastung zu schaffen. Und gleichzeitig steht man vor der Aufgabe, sich von dem Menschen, so wie er einmal war, zu verabschieden und das vergangene Leben und die gemeinsame Geschichte zu betrauern.

Etwas anderes ist die vorwegnehmende Trauer, die gegenüber unheilbar Kranken entstehen kann. Dabei beziehen sich die Trauergefühle auf den Menschen und auf den zukünftigen Verlust. Die Phasen des gesamten Trauerprozesses werden bereits durchlebt, auch wenn der Betreffende noch gar nicht gestorben ist. Dabei besteht die Gefahr, dass der Kranke sich als »schon abgeschrieben«, »überflüssig« empfindet und schließlich allein gelassen fühlt und es im Grunde ja auch ist. Für die Angehörigen mag es dann zunehmend schwerer werden, dem Demenzkranken zu begegnen, da sie ihn innerlich schon weitestgehend verabschiedet haben.

4.3 Umgang mit demenzkranken Menschen

Für an Demenz erkrankte Menschen ist es besonders wichtig, in ihrem vertrauten Umfeld zu leben. Sie brauchen verlässliche Personen, die sich um die Organisation ihres Lebens kümmern, da sie dies nicht mehr selbstverantwortlich tun können. Gravierende oder sehr plötzliche Veränderungen (Ortswechsel, Wechsel der Bezugspersonen) können nicht mehr verkraftet und verarbeitet werden und lösen infolgedessen große Verunsicherung und Angst aus. Deshalb ist es besonders wichtig, eine verlässliche Umgebung herzustellen. In der Pflegesituation sollten Tages- und Handlungsabläufe möglichst klar und einfach gestaltet werden.

Orientierung bieten

Eine kontinuierliche, möglichst wenig wechselnde feste Bezugsperson hat hier einen hohen Stellenwert, da sie in der Pflegebeziehung Vertrauen schaffen kann, so dass der Patient sich sicher fühlt und auf Abwehr und Vermeidungsverhalten verzichten kann. Gleichzeitig wirkt es stabilisierend, wenn das Sprech- und Handlungstempo gedrosselt wird. Man sollte auf schnelle und ruckartige Bewegungen verzichten. Bewegungsabläufe sollten einfach und leicht einzusehen sein. Die Sprache sollte starkt vereinfacht werden. Das heißt zum einen, auf komplizierte Worte und verschachtelte Satzgefüge zu verzichten, und zum anderen, Sätze zu verkürzen bis hin zum alleinigen Gebrauch von »Schlüsselwörtern«. Sorgfältig sollte auf die non-verbale Kommunikation geachtet werden, da sie in der Begegnung immer stärker in den Vordergrund treten wird.

Validation

Die Geschichten, die verwirrte alte Menschen erzählen, sollten auf besondere Art und Weise gehört werden. Entsprechen sie auch nicht objektiv der aktuellen Situation, so haben sie gleichzeitig für die betreffende Person einen hohen Bedeutungsgehalt, der auf der emotionalen

Ebene anzusiedeln ist. Behauptet zum Beispiel jemand ständig, zu Hause, das schon lange nicht mehr existiert, erwartet zu werden, so möchte er vielleicht ausdrücken, dass er sich im Moment nicht zu Hause fühlt, unbeheimatet, ungeborgen etc. Oder spricht jemand ständig davon, dass sein Bruder zu Besuch kommen will und er bereit sein muss, obwohl dieser Bruder schon vor langer Zeit gestorben ist, so könnte dies vielleicht bedeuten, dass in der Beziehung etwas unerledigt blieb und der Hinterbliebene nach Wegen sucht, dieses endlich zu »erledigen«.

Es ist also nötig, die Erzählungen vorsichtig auf den emotionalen Gehalt hin zu übersetzen – wohl reflektierend, dass es sich um Interpretationen handelt – und auf dieser Ebene zu antworten. Eine Korrektur auf der Sachebene wird sich größtenteils als nutzlos erweisen. Dieser einfühlende und anerkennende Umgang wird auch im Konzept der Validation vertreten. Insgesamt sind konstante Beziehungen fördernd, aus denen sich Vertrauen entwickeln kann, auch wenn die demenzkranke Person diese Beziehung nicht mehr versteht.

Konstante Beziehungen fördern

Gerade letzteres ist aber auf Grund der nur mangelhaften Unterstützung demenzkranker Menschen durch die Pflegeversicherung kaum zu leisten. Dadurch geraten Pflegekräfte vor allem in ambulanten Einrichtungen, aber auch in den stationären Pflegeeinrichtungen in einen enormen Konflikt. Durch die finanziellen Rahmenbedingungen werden AltenpflegerInnen fast immer gezwungen, ihre Arbeit auf den somatischen Aspekt zu verkürzen. In der Regel haben sie aber den Beruf aus einem anderen Antrieb heraus gewählt, nämlich alte Menschen ganzheitlich unterstützen und fördern zu wollen. Aus dieser Motivation heraus bemühen sich viele um eine gerontopsychiatrische Pflege. Obwohl sie kaum formale Anerkennung erhalten, leisten sie

damit in einem sehr schwierigen Trauerprozess die nötige Unterstützungsarbeit.

4.4 Praxisbeispiele

Praxisbeispiel 1

Herr I. lebte bis vor kurzem bei seinem Sohn und seiner Schwiegertochter in einem kleinen Dorf, in dem er schon aufgewachsen ist. Seit einiger Zeit leidet er an Demenz Typ Alzheimer. Er bewirtschaftete früher einen landwirtschaftlichen Hof und zuletzt sprach er oft von seiner Arbeit auf den Feldern. Häufig stand er sehr früh am Morgen auf, um die Tiere, die es inzwischen gar nicht mehr gab, zu versorgen. Zweimal war er schon für längere Zeit verschwunden: Er wollte auf seinem Land nach dem Rechten sehen. Da sein Sohn und dessen Frau berufstätig sind, konnten sie keine umfassende Betreuung mehr leisten und suchten für Herrn I. einen geeigneten Platz in einem Pflegeheim. Herr I. verstand das nicht und wollte seinen Sohn wieder nach Hause begleiten. Die ersten Tage und Nächte betrat er sein Zimmer im Heim kaum. Dann legte er sich doch in sein Bett und es war für das Pflegepersonal sehr schwer, ihn wieder zum Aufstehen zu bewegen. Zu Beginn bekam Herr I. regelmäßig Besuch von seinem Sohn. Dann verbrachten sie die Zeit oft schweigend miteinander. Diese Besuche wurden jedoch im Laufe der Zeit seltener. Ein Pfleger beobachtet, dass Herr I. immer unruhiger wird und beschließt, den Sohn anzurufen.

Praxisbeispiel 2

Frau K. lebt seit einiger Zeit in einem Pflegeheim. In letzter Zeit ist der Nachtwache aufgefallen, dass sie abends immer sehr unruhig wird. Aufgeregt läuft sie in den Gängen auf und ab. Sie schaut durch jede Tür und sieht nach, ob »Ellen« im Raum ist. Manchmal packt Frau K. ihren Koffer und will die Station verlassen. Hält man sie zurück, wird sie agressiv und versucht, sich zu befreien: Sie müsse »Ellen« suchen. Niemand wusste, wer »Ellen« ist, bis man bei Frau K. ein Foto fand, das zwei junge Mädchen abbildete. Frau K. zeigte auf das eine Mädchen und nannte sie Ellen, ihre Zwillingsschwester. Es ergab sich, dass Frau K. im Krieg auf der Flucht ihre sterbende Schwester zurücklassen musste. Ihre Töchter erzählten, dass lange Zeit niemand überhaupt von dieser Schwester wusste.

Übungen zur Selbsterfahrung und Reflexion

Für die Einzelarbeit:
1. Schreiben Sie für sich auf, was der Gedanke an Verwirrtheit, besonders Demenz, in ihnen auslöst. Was macht Angst? Worauf vertrauen Sie?
2. Überlegen Sie, welche Gefühle Frau K. (Beispiel 2) mit ihren Äußerungen und Handlungen Ausdruck geben möchte. Wie würden Sie die Gefühlslage dieser Frau beschreiben?
3. Sie arbeiten als Nachtwache auf der Station, auf der Frau K. lebt. Eines Nachts begegnen Sie ihr. Sie hat über ihrem Nachthemd den Mantel und in der Hand eine Tasche. Sie sagt Ihnen, dass sie dringend das Haus verlassen muss. Als Sie sie daran hindern, wird sie sehr ungehalten und läuft immer wieder zur Tür. Wie verhalten Sie sich?
4. Erinnern Sie sich an eine demenzkranke Person aus ihrem Pflegealltag. Notieren Sie, womit diese Person häufig beschäftigt ist. Was tut sie gern und / oder häufig? Wie begegnen Sie ihr? Wie kommunizieren Sie miteinander?

Für die Gruppenarbeit:
1. Überlegen Sie gemeinsam, warum der Sohn von Herrn I. seinen Vater nicht mehr besucht.

2. Bilden Sie Kleingruppen und überlegen Sie, wie das Telefonat, das der Pfleger mit dem Sohn von Herrn I. führt, verlaufen könnte. Stellen Sie die Ergebnisse im Rollenspiel den anderen Gruppen vor und geben Sie jeweils ein Feedback.
3. Setzen Sie sich zu zweit zusammen. Erzählen Sie ihrer PartnerIn ein Erlebnis aus der letzten Woche und verwenden Sie dabei nur Sätze mit maximal vier Wörtern. Wechseln Sie dann die Rollen. Tauschen Sie sich anschließend über ihre Beobachtungen aus.

Prüfen Sie Ihr Wissen

a) Nennen Sie **drei Merkmale** von **Demenz**.
b) Was gilt es im **Umgang mit dementen Personen** zu beachten?
c) Wie sollte die **Kommunikation mit einem verwirrten Menschen** gestaltet sein?
d) **Demenzkranke Menschen** durchleben eine **spezielle Trauersituation**. Beschreiben sie diese in eigenen Worten.
e) Warum fällt es Menschen häufig sehr schwer, ihre **Angehörigen**, die an der Alzheimerschen Krankheit leiden, zu **begleiten**?

Weiterführende Literatur zur Vertiefung
Böhm, E.: Verwirrt nicht die Verwirrten. Bonn [6]1992.
Depping, K.: Altersverwirrte Menschen seelsorgerlich begleiten. Bd. 1 und 2. Hannover [2]1997 / [2]2000.
Dörner, K.; Plog, U.: Irren ist menschlich. Bonn [2]1996, (S. 405–429).
Grond, E.: Die Pflege verwirrter alter Menschen. Freiburg im Breisgau [5]1989.
Mace, N. L.; Rabins, P. V.: Der 36 Stunden Tag., Bern u. a. [4]1996.

5. Kommunikation und Gesprächsführung

5.1 Menschen kommunizieren miteinander

Verständigungs-ebenen

Nach dem Modell des Kommunikationswissenschaftlers *Paul Watzlawick* ist Kommunikation die Verständigung zwischen Menschen. Sie umfasst verschiedene Ebenen: Sprache, Tonfall, Mimik, Gestik und Körperausdruck. Kommunikation bezeichnet ein wechselseitiges Geschehen zwischen Sendern und Empfängern. Dies kann über sprachliche Ausdrucksmittel stattfinden: Jemand fragt nach einer Adresse und bekommt von einem anderen die gewünschte Information. Die Arbeitskollegin erzählt von ihren Erlebnissen am Wochenende, um den anderen Einblick in ihr Privatleben zu gewähren. Man spricht hier von **verbaler Kommunikation**.

Gleichzeitig spielt die Art und Weise, wie etwas gesagt wird, in welcher Tonart erzählt wird und welche Mimik bzw. Gestik das Gesagte begleitet, eine ebenso große Rolle in der Verständigung und im Austausch von Informationen. So ist es z. B. im Gespräch ein großer Unterschied, ob jemand dabei gelangweilt aus dem Fenster schaut oder sein Gegenüber interessiert anlächelt und ihm dabei in die Augen sieht. Diese Verständigungsebene über Tonfall, Gestik, Mimik, Körperhaltung, Kleidung etc. bezeichnet man als **nonverbale Kommunikation**.

Verbale und nonverbale Kommunikation wirken in jeder konkreten Gesprächssituation zusammen. Neben einer Übereinstimmung beider Gesprächsebenen können aber auch widersprüchliche Signale ausgesandt werden. Wenn beispielsweise verbal Zustimmung ausgedrückt wird, diese Zustimmung aber nonverbal etwa durch einen gelangweilten Tonfall oder eine abgewandte Körperhaltung zurückgenommen wird.

Im zwischenmenschlichen Kontakt ist es nicht möglich **nicht** zu kommunizieren, da auch durch Schweigen und widersprüchliche Nachrichten Stellung zum Gegenüber bezogen wird.

Im Pflegealltag ist häufig zu beobachten, dass Pflegekräfte und Pflegebedürftige bestimmte Themen wie Trauer, Sterben und Tod verschweigen und vermeiden aus der Hoffnung heraus, sich und andere vor unangenehmen Gefühlen schützen zu können. Diese Gefühle teilen sich in der Regel jedoch auf der nonverbalen Ebene mit. Das Ziel wird also nicht erreicht, vielmehr werden Unsicherheiten und Vorbehalte gegenüber den Themen eher noch verstärkt.

5.2 Die vier Aspekte einer Nachricht

Der Psychologe *Friedrich Schulz von Thun* hat in seinen Büchern über Kommunikation viele Gesprächssituationen analysiert und daraus Hilfen zum Verständnis von kommunikativen Prozessen formuliert. Nach ihm setzt sich jede kommunikative Äußerung aus vier verschiedenen Aspekten zusammen. Anders gesagt, jede Nachricht kann nach unterschiedlichen Schwerpunkten gehört und aufgefasst werden.

Zunächst werden Informationen weitergegeben oder ausgetauscht. Hier spricht man von der **Sachebene**. Gleichzeitig drückt sich in einer kommunikativen Begegnung immer auch die Art der Beziehung aus, die zwischen den Gesprächsteilnehmern besteht. Die Senderin einer Nachricht definiert mit ihren verbalen und nonverbalen Äußerungen die Beziehung zwischen sich und der Empfängerin (**Beziehungsebene**). Die Beziehungsdefinition zeigt außerdem etwas vom Selbstverständnis der Senderin an, etwa welche Kenntnisse sie hat und welche Werte sie für wichtig hält. Diesen Aspekt einer Nachricht nennt man **Selbstoffenbarungaspekt**. Schließlich haben Nachrichten Aufforderungscharakter, man möchte mit dem Gesagten auch etwas erreichen. Die Empfängerin der Nachricht soll etwas verstehen, etwas tun, etwas nicht mehr tun etc. In der Äußerung findet sich ein **Appell**.

Diese vier Aspekte werden im Folgenden anhand einer Alltagssituation beispielhaft dargestellt und erläutert: Stellen Sie sich vor, ein Pfleger betritt das Zimmer einer Frau, die in ihrem Sessel sitzt und ein altes Fotoalbum in den Händen hält. Sie blättert nicht darin herum, sondern scheint fast durch die Bilder hindurchzustarren. Dabei laufen ihr Tränen übers Gesicht.

Der Pfleger sagt zu ihr: »*Frau L., warum sehen sie sich nur schon wieder die alten Bilder an? Schauen Sie doch mal aus dem Fenster, wie schön das Wetter heute ist.*«

Die Bemerkung des Pflegers kann als eine rein sachliche Feststellung gehört werden: Das Wetter ist schön und Frau L. soll sich daran freuen (Sachaspekt).

Mit der Bemerkung macht der Pfleger ebenfalls deutlich, wie er die Beziehung zur Bewohnerin sieht. Er befindet sich in seiner Berufsrolle als Pfleger, die es ihm erlaubt, die Bewohnerin fast rügend darauf hinzuweisen, dass sie sich nicht mit »alten Geschichten« beschäftigen soll. Er glaubt zu wissen, was ihr gut tun würde, nämlich das gute Wetter zu genießen. Er geht davon aus, dass sie seine »Hilfestellung« benötigt (Beziehungsebene).

Je nach dem, wie er spricht, zeigt sich seine Eigenwahrnehmung als kompetente Pflegekraft. Er meint sofort zu erkennen, warum Frau L. weint, woher ihre Trauer rührt und was ihr helfen würde.

Er kann den Satz allerdings auch so betonen, dass Enttäuschung ausgedrückt wird. Enttäuschung darüber, dass die Bewohnerin die Kompetenz des Pflegepersonals in Frage stellt, indem sie »schon wieder« die alten Bilder ansieht, obwohl man ihr offensichtlich davon abgeraten hat (Selbstoffenbarung).

Schließlich möchte der Pfleger bei der Bewohnerin etwas erreichen. Sie soll das Album mit den Bildern, die traurige Erinnerungen in ihr wecken, zur Seite legen und sich dem »Jetzt« zuwenden und in Anbetracht des guten Wetters neuen Mut schöpfen (Appell).

5.3 Unterstützende Gesprächsführung

Gespräche mit trauernden Menschen zu führen, fällt vielen schwer. Man weiß nicht, was man sagen soll und fühlt sich manchmal hilflos. Häufig wird dann notgedrungen zu Beschwichtigungsformeln gegriffen wie: »*Ihr Mann war ja auch schon sehr alt. Er hat sein Leben gelebt.*« oder: »*Nun ist er von seinen Schmerzen erlöst.*«

In der Regel wird die Gesprächspartnerin dann auch nicht weiter über ihre Trauergefühle sprechen, da sie merkt, dass ihr Gegenüber das Thema eigentlich in eine andere Richtung lenken möchte. Diejenige, die die genannten »Beschwichtigungsformeln« im Gespräch einsetzt, bestimmt damit den weiteren Verlauf bzw. Abbruch der Kommunikation.

Nach dem amerikanischen Psychotherapeuten *Carl Rogers* nennt man diese Art von Gesprächsführung auch **direktives Sprechen**, da die Gesprächsentwicklung von einer Seite stark vorgegeben wird. *Rogers* unterscheidet direktives Sprechen und nicht-direktives Sprechen. Beim Nicht-direktiven-Sprechen lässt sich der Empfänger auf das ein, was die Senderin auf der gefühlsmäßigen Ebene meint. Er versucht, deren Gedanken mitzudenken und unterstützt sie so eventuell in der Lösungsfindung. Dies geschieht in der Annahme, dass letztlich die Trauernde selbst am besten weiß, was sie sagen möchte, worüber sie nachdenken möchte und was ihr in der Trauer helfen könnte. Die nicht-direktive Gesprächshaltung, die *Rogers* in den vierziger Jahren näher beschrieb, nannte er später klientenzentrierte Methode der Gesprächsführung. Man kann auch von partnerzentrierter Gesprächsführung sprechen. Damit wird betont, dass es in den meisten Gesprächssituationen nicht um das Erteilen (sicherlich gutgemeinter) Ratschläge gehen kann. Vielmehr sollte die emotionale Befindlichkeit der Klientin in Worte gefasst werden, um so Lösungsansätze zu (er-) finden und die Gefühlswelt zu stärken.

Die klientenzentrierte Methode der Gesprächsführung umschreibt eine Haltung, in der nicht so sehr das eigene Sprechen im Vordergrund steht, sondern vielmehr das Zuhören. Durch genaues Zu- und Hinhören wird versucht, aufzunehmen, was der andere Mensch ausdrücken möchte.

Diese Art des Zuhörens bedeutet mehr als die bloße physische (körperliche) Anwesenheit. Vielmehr soll die Sprecherin ermutigt und unterstützt werden, die eigene Befindlichkeit immer genauer zu erfassen und aktiv zu erforschen. Deshalb wird diese Methode als aktives Zuhören bezeichnet. Die Aufmerksamkeit, die damit dem anderen geschenkt wird, drückt sich in der Regel nonverbal aus. Das heißt, man hält Augenkontakt, hat eine geöffnete Arm- und/oder Handhaltung und zeigt eine entspannte Gesichtsmuskulatur. Diese Haltung kann durch quasiverbale Ausdrücke unterstützt werden. Durch Zuhörfloskeln wie »*Ach*«, »*so*«, »*mhm*« etc. zeigt man dem anderen Menschen, dass man dem Gesagten aufmerksam folgt.

Um die Selbstreflexion des Gegenübers noch weiter zu unterstützen, entwickelte *Rogers* die so genannte »Spiegelmethode«. Diese Methode dient dazu, den Gefühlen, die noch im Gesagten mitschwingen, Ausdruck zu geben. Die Zuhörerin kann sich fragen, welches Gefühl die Sprecherin mit dem, was sie sagt, ausdrücken möchte. Spiegeln heißt dann nicht, das Gehörte in eine bestimmte Richtung zu interpretieren, sondern wie ein Spiegel zurückzugeben. Sie geben (spiegeln) dem Sprecher das zurück, was Sie gehört haben und welche Gefühle Sie eventuell dahinter erspüren, indem Sie es verbal aufnehmen und ausdrücken. Häufig wird die andere Person diesen Impuls wieder aufnehmen und weiter ausführen, um schließlich zu dem zu kommen, um das ihre Gedanken kreisen.

Zur Verdeutlichung ein Beispiel: Frau X., die in der ambulanten Pflege arbeitet, kommt wie jeden Tag zur Mittagszeit zu Frau M., die entgegen aller Gewohnheit noch in ihrem Bett liegt.

Nach der Begrüßung und der Frage der Betreuerin, warum Frau M. denn noch im Bett liege, sagt Frau M.:

»Ach, es gibt nichts mehr zu tun. Da wartet doch keiner mehr auf mich. Und ich habe schon so viel gearbeitet in meinem Leben.«

Betreuerin: »*Sie haben das Gefühl, überflüssig zu sein.*«

Anstatt Frau M. aufzuzählen, warum es sich vielleicht doch lohnen würde, aufzustehen, lässt die Betreuerin ihr die Möglichkeit darüber nachzudenken, warum sie heute so niedergeschlagen ist, was ihr fehlt und welche Lösung es vielleicht für Sie geben könnte.

Bei der Spiegelmethode geht es nicht um den Gebrauch bestimmter Sätze und Formeln, oder um »papageienhaftes« wörtliches Wiederholen. So verstanden wird sie als Methode eher wirkungslos bleiben. Ziel ist es, zu einem genaueren Verständnis des Gesagten zu gelangen. Der emotionale Gehalt einer Äußerung − ob verbal oder nonverbal − soll erfasst und in Worten ausgedrückt werden. Zwischen

aktives Zuhören

Sprecher und Zuhörer sollte es immer möglich sein, diese Interpretationen zu korrigieren. Schließlich geht es darum, dass das Gegenüber sich wirklich verstanden fühlt, und dies nicht nur auf der Sachebene.

Nach *Rogers* sind für diesen kommunikativen, unterstützenden Prozess drei Merkmale unabdingbar. Zunächst geht es um **Kongruenz,** das heißt, die Zuhörerin befindet sich in Übereinstimmung mit sich selbst und bleibt in der Gesprächssituation authentisch/echt. Zum zweiten geht es um **Empathie**. Das heißt, die Zuhörerin versucht über Intuition und Einfühlung in das Gehörte zum Verständnis zu gelangen. Das dritte Merkmal bezeichnet *Rogers* als **Wertschätzung**. Eine solche Einstellung der Wertschätzung bedeutet eine bedingungsfreie Akzeptanz der Gesprächspartnerin.

Die Methoden des unterstützenden Gesprächs (Spiegelmethode, aktives Zuhören, nicht-direktive-Gesprächshaltung) wurden zunächst in beratenden und therapeutischen Gesprächssituationen angewandt. Aber es entwickeln sich auch im Pflegealltag zwischen Pflegerinnen und Betreuten vertraute Beziehungen, in denen unter Umständen Intimitäten wie Trauergefühle besprochen werden können. In solchen Gesprächen können die genannten Methoden förderlich und sinnvoll sein, um die betreute Person bei der Verarbeitung bestimmter Erlebnisse, Erinnerungen und Gefühle zu unterstützen.

Letztlich sind die genannten Methoden und Haltungen in allen kommunikativen Situationen hilfreich, um zu einer eindeutigen und klaren Verständigung zu gelangen.

5.4 Praxisbeispiele

Praxisbeispiel 1

Pfleger K. betritt das Zimmer von Frau B., die in ihrem Sessel sitzt und ein altes Fotoalbum in den Händen hält. Sie blättert nicht darin herum, sondern scheint fast durch die Bilder hindurchzustarren. Dabei laufen ihr Tränen übers Gesicht. Der Pfleger sagt zu ihr: »*Frau L., warum sehen Sie sich nur schon wieder die alten Bilder an? Schauen Sie doch mal aus dem Fenster, wie schön das Wetter heute ist.*«

Frau B. antwortet ihm: »*Ja, ja, ihr wollt wohl, dass ich alles vergesse. Damals als meine Schwester starb – wäre ich bloß an ihrer Stelle gestorben, als die Bomben fielen.*«

Praxisbeispiel 2

Die Altenpflegerin Frau X. arbeitet in der ambulanten Pflege. Am Morgen kommt sie zu Herrn Y., um ihm Insulin zu spritzen. Er grüßt heute sehr unwirsch. Als er sich vom Spülbecken wegdreht, an dem er gerade sein Frühstücksgeschirr abgespült hat, fällt ihm eine Tasse herunter und zerspringt in tausend Teile. Er setzt sich auf den Küchenstuhl und wirkt sehr erregt. Herr Y. sagt zu Frau X.: »*Als meine Frau noch lebte, da war alles noch in Ordnung. Alles war so, wie es sein sollte. Heute ist alles anders. Ich weiß gar nicht mehr, was ich hier noch soll. Mich jeden Morgen stechen lassen – und wozu das alles?!*«

Übungen zur Selbsterfahrung und Reflexion

Für die Einzelarbeit:

1. Herr Y. sagt: »Als meine Frau noch lebte, da war alles noch in Ordnung.« (Beispiel 2)

   Formulieren Sie dazu die vier Aspekte des Satzes nach *Schulz von Thun.*

   Sachaspekt:

   Beziehungsaspekt:

   Selbstoffenbarung:

   Appell:

2. Formulieren Sie zu beiden Beispielen
   a) eine beschwichtigende Antwort;
   b) eine Antwort nach der Spiegelmethode.

3. Zur Spiegelmethode gehört die Fähigkeit, verschiedene Gefühle wahrzunehmen und ausdrücken zu können. Üben Sie dies, indem Sie für folgende Gefühle Situationen finden (zum Beispiel: »*Ich freue mich, wenn …*«; »*Ich ärgere mich, wenn …*«)

- Freude
- Zufriedenheit
- Glück
- Hilflosigkeit
- Wut
- Ärger
- Zorn
- Durcheinander-Sein

4. Über welche Themen, auf die Sie während Ihrer Arbeit stoßen, würden Sie am liebsten gar nicht sprechen? Warum nicht?

5. Wie reagieren Sie, wenn Sie von Kollegen oder anderen auf diese Themen angesprochen werden?
Wie würden Sie am liebsten reagieren, wenn Sie die freie Wahl hätten?

Für die Gruppenarbeit:

1. Stellen Sie sich jeweils zu zweit gegenüber.
Eine Person drückt eines der oben genannten Gefühle (Einzelarbeit 3) nonverbal, d. h. mimisch und mit ihrer Gestik aus. Die andere Person beschreibt, was sie sieht und interpretiert ihre Wahrnehmung. Sprechen Sie anschließend in ihrer Gruppe über ihre Erfahrungen:

- Fiel Ihnen die Darstellung der Gefühle leicht, oder war es Ihnen unangenehm?
- War es schwer oder leicht für Sie, die dargestellten Gefühle zu erkennen und zu beschreiben?

2. Wählen Sie mit einer Partnerin Beispiel 1 oder 2. Entwerfen Sie dann in einem Rollenspiel, wie sich das Gespräch weiterentwickeln könnte.

3. Diskutieren Sie die Kommunikation zum Thema Trauer vor Ihrem Erfahrungshintergrund in Pflegesituationen. Wie werden Verlust und Abschied thematisiert?

Prüfen Sie Ihr Wissen:

a) Erklären Sie in eigenen Worten den Unterschied zwischen **verbaler Kommunikation** und **nonverbaler Kommunikation**.

b) Was bedeutet »**aktives Zuhören**« und was soll damit bewirkt werden?

c) Erläutern Sie den Begriff der »**Spiegelmethode**«.

d) Wodurch zeichnet sich die von Rogers beschriebene Grundhaltung der **nicht-direktiven-Gesprächsführung** aus? Beschreiben Sie in eigenen Worten die **drei Merkmale**.

e) Führen Sie aus, warum es häufig schwer fällt, **mit Trauernden oder Sterbenden zu kommunizieren**.

Ausgewählte Literatur zur Vertiefung

Ghem, T.: Kommunikation im Beruf. Weinheim 1997.
Rogers, C. R.: Therapeut und Klient. München 1977.
Schulz von Thun, F.: Miteinander reden 1. Reinbeck 1999.
Watzlawick, P. et. al.: Menschliche Kommunikation. Bern 2000.
Weisbach, Ch.-R.: Professionelle Gesprächsführung. München 1997.

6. Zusammenarbeit im Team, mit Angehörigen und anderen Berufsgruppen

6.1 Kooperation und Teamarbeit

Der Fachausdruck für Zusammenarbeit lautet Kooperation und bildet einen Gegenbegriff zur Konkurrenz im Berufsalltag. Kooperations- und Teamfähigkeit sind wichtige Qualifikationen für die Pflegetätigkeit, auch im Bereich der Altenpflege.

Neben den Pflegehandlungen im direkten Kontakt mit den Heimbewohnern oder im Rahmen der ambulanten Pflege zu Hause, ist es für eine gute Versorgung unabdingbar, mit Kollegen, Pflegedienstleitung, Angehörigen, aber auch anderen Berufsgruppen wie Ärzten und Physiotherapeuten, die bei der Behandlung und Betreuung der Pflegebedürftigen mitwirken, zusammen zu arbeiten.

Eine Grundlage für eine gut funktionierende Zusammenarbeit ist die verbindliche Dokumentation eigenen Pflegehandelns (Pflegedokumentation), aber auch regelmäßige Teambesprechungen und lösungsorientiertes Konfliktverhalten gehören in diesen Zusammenhang. Von jeder einzelnen Pflegeperson erfordert dies die Bereitschaft, eigene Verhaltensweisen, Überzeugungen und Handlungskonzepte zur Diskussion zu stellen, sie mit anderen zu überprüfen und offen zu sein, von anderen und mit ihnen zu lernen. Natürlich können dabei im Alltag auch Probleme und Konflikte entstehen. Diese müssen jedoch im Team aktiv angegangen, bearbeitet und gelöst werden, sollen sie nicht die eigentliche Pflegetätigkeit behindern und blockieren.

Auf Dauer kann man seine Arbeit nur gut machen, wenn es einem selbst dabei auch gut geht und wenn man sich mit den übrigen Mitarbeitern und an der Pflege Beteiligten wohlfühlt. Unterschwellige Missstimmungen können sich dagegen überaus kontraproduktiv auswirken und werden letztlich oft zu Lasten der Pflegebedürftigen ausgetragen. Diese sind in ihrer starken Abhängigkeitssituation jedoch darauf angewiesen, dass sie von einem kooperativen statt etwa einem konkurrierenden Pflegeteam betreut und beraten werden.

6.2 Zusammenarbeit mit Angehörigen und anderen Berufsgruppen

Besonders in der Zusammenarbeit mit Angehörigen tauchen in der Praxis jedoch häufig Probleme auf. Anstatt ein Verhältnis gegenseitiger Unterstützung und kooperierender Gegenseitigkeit zum Wohle der Pflegebedürftigen, gibt es oft Konkurrenzen, Missverständnisse, manchmal gegenseitige Schuldzuweisungen und Einmischungen. So klagen Angehörige bei professionellen Pflegekräften oft über Zeitmangel, rüden Umgangston und starres Festhalten am etablierten Heim- bzw. Pflegeablauf. Sie bemängeln, es würde nicht genug für ihre Angehörigen getan, es käme zu Pflegefehlern, die Personalauswahl sei kritisch zu betrachten etc.

Pflegekräfte äußern sich über schwierige, Schuld zuweisende, sich unbedarft einmischende Angehörige, aber auch über Vernachlässigung (kein oder zu wenig Besuch, Abschieben in Pflegeeinrichtungen, mangelnde Fürsorge und geringe Bereitschaft zu produktiver Zusammenarbeit) von Seiten der Angehörigen, die die Pflegearbeit durch ihr Verhalten – unter ohnehin meistens schwierigen Bedingungen – noch zusätzlich erschweren.

Im Interesse der Pflegebedürftigen und des Arbeitsauftrages ist es aber notwendig, alle Kräfte der Beteiligten zu bündeln, zusammen und nicht gegeneinander zu arbeiten. Alle in der Pflege Tätigen sollten mit Offenheit, Toleranz und der Bereitschaft, Kritik zu hören, zu überprüfen und anzunehmen (ggf. auch abzuweisen) an ihre Aufgaben im Alltag herangehen. In besonderen Stress- und Krisensituationen wird dies nicht immer möglich sein, die Einsatz- und Teamleitung muss dann aber darauf achten, dass dies kein Dauerzustand wird.

Kolleginnen und Vertreter anderer Berufsgruppen

Als Pflegekraft kommt man im Alltag nicht nur mit Kolleginnen und Angehörigen, sondern auch mit Vertretern anderer Berufsgruppen in Kontakt. Dies können Ärzte, Physiotherapeutinnen, Sozialarbeiter, Seelsorger, aber auch Hauswirtschaftskräfte, Handwerker, Sekretärinnen, Pförtner und Hausmeister sein. Im Sinne einer geglückten Kommunikation und Kooperation ist es entscheidend, all diese Berufsgruppen als wichtige Partner zu begreifen, die als Personen gleichwertig sind, zwar mit unterschiedlichen Aufgaben und Entscheidungsbefugnissen betraut, aber alle in ihrem Bereich wichtig für die Umsetzung von Pflegezielen im Alltag.

Offenheit und Kritikfähigkeit

Neben der Bereitschaft zum Austausch und zur Zusammenarbeit ist es auch notwendig, die Grenzen des eigenen Aufgabenbereichs zu kennen und einzuhalten, damit andere in ihrer Arbeit nicht unnötig behindert werden. Es sollten aber Strukturen bestehen oder eingerichtet werden, die es erlauben, Beschwerden, Änderungsvorschläge und Kritik vorzubringen, die vom Team gehört, aufgenommen und bearbeitet werden können.

6.3 Zusammenarbeit: Voraussetzungen und Probleme

Gute Zusammenarbeit mit anderen Berufsgruppen setzt voraus:

- dass ein gegenseitiges Interesse aneinander besteht und die Bereitschaft, Absprachen zu treffen, Informationen weiterzugeben, Arbeitsinhalte zu besprechen und Aufgaben gemeinsam zu bewältigen;
- dass die Teammitglieder einen Ausgleich zwischen beruflichem Engagement und eigener Abgrenzung entsprechend ihrem Aufgabenbereich finden;
- dass Klarheit über Arbeitsaufgaben und Kompetenzen der Einzelnen sowie des Teams besteht;
- dass entsprechende Rahmenbedingungen und Strukturen vorhanden sind (Zeit, Räumlichkeiten, verbindliche Formen der Absprache);
- dass kooperative Entscheidungs- und Vorgehensweisen geübt werden.

Probleme der Zusammenarbeit haben unterschiedliche Ursachen. Sie entstehen im Zusammenhang mit destruktiven Konkurrenzverhalten oder auch mit Cliquenbildung und dem Eingehen von engen Freundschaften im Team. Problematisch sind auch Antipathien, die in der persönlichen Geschichte der Einzelnen begründet sind. Auch im kommunikativen Verhalten liegt Konfliktpotenzial, wenn in der Teambesprechung das Meiste persönlich genommen und auf der persönlichen Ebene verhandelt wird. Außerdem fehlt es häufig an Leitbildern und Modellen für einen bewältigungsorientierten Umgang mit Konflikten.

6.4 Zusammenarbeit in Trauersituationen

Trauersituationen sind Grenzsituationen. Verluste wahrzunehmen, zu realisieren und zu akzeptieren, Trauer zu erleben und zu durchleben, kann zu den schwersten Entwicklungsaufgaben und Krisen zählen, die das Leben überhaupt bereit hält. Trauernde benötigen Unterstützung, Verständnis für ihre Situation und, wenn es ihrem Bedürfnis entspricht, auch Zurückhaltung und Rückzugsmöglichkeiten, um all die intensiven und widersprüchlichen Gefühle durchzustehen, die mit dem Trauerprozess der Loslösung verbunden sind. Allen in der Altenhilfe Tätigen sollte dies bewusst sein und ihr Handeln in der Zusammenarbeit mit anderen bestimmen.

6.5 Praxisbeispiele

Praxisbeispiel 1

Frau K. ist 78 Jahre alt, Bewohnerin einer Altenwohnanlage. Ihre beiden Kinder, die in anderen Städten leben, besuchen sie sporadisch. Sie hält telefonisch Verbindung zu ihnen. Bis vor kurzem hat sie ihren Haushalt selbst versorgt.

Nach einem Oberschenkelhalsbruch und längerem Krankenhausaufenthalt ist sie dazu allein vorerst nicht mehr in der Lage. Frau K. ist sehr bemüht, wieder vieles selbst machen zu können und ihre Selbstständigkeit wiederzuerlangen. Ihre Betreuerin neigt jedoch dazu, Frau K. vieles aus der Hand zu nehmen, da sie es schneller erledigen kann. Außerdem erscheint ihr Frau K. doch noch sehr schwächlich und unsicher. Häufig hält sie sie von der Hilfe beim Abwasch und anderen Arbeiten mit den Worten ab: *»Ich mach' das schon, lassen Sie mal, Frau K.!«*
Frau K. fühlt sich immer nutzloser und unglücklicher in ihrer Wohnung. Sie weiß nicht, wie sie sich gegenüber ihrer Betreuerin, die ihr ja nur behilflich sein will, durchsetzen kann. In ihrer Not wendet sie sich an ihre Tochter.

Praxisbeispiel 2

Im Altenpflegeheim liegt Frau S. im Sterben. Sie ist oft unruhig und hatte zuletzt den Wunsch geäußert, ihren Sohn noch einmal sehen zu wollen. Sabine F., die täglich mit der Pflege von Frau S. betraut ist, hat seitdem schon mehrmals versucht, den Sohn telefonisch zu erreichen, ihn jedoch nie persönlich an den Apparat bekommen. So hinterließ sie eine Nachricht auf seinem Anrufbeantworter, er möge sich dringend im Heim melden, was dieser aber nicht tat.
Frau S. geht es zusehends schlechter, schließlich stirbt sie, ohne ihren Sohn noch gesehen zu haben. Sabine F. muss die Nachricht vom Tod der Mutter wieder auf Band sprechen.
Einige Stunden später erscheint der Sohn von Frau S. wütend im Heim. Er wirft Sabine F. vor, ihn nicht rechtzeitig informiert zu haben. Außerdem sei seine Mutter nicht richtig versorgt worden, das werde noch Konsequenzen nach sich ziehen. Er wolle sofort die Pflegedienstleitung sprechen. Sabine F. begleitet ihn dorthin.

Übungen zur Selbsterfahrung und Reflexion

Für die Einzelarbeit:

1. Überlegen Sie sich, wo es in den beiden Praxisbeispielen um Verlust und Trauer geht. Welche Gefühle treten in den beschriebenen Situationen jeweils in den Vordergrund?
2. Kennen Sie ähnliche Situationen, die die geforderte Zusammenarbeit erschweren, aus Ihrem eigenen Berufs-/Ausbildungsalltag? Finden Sie Beispiele und notieren Sie Ihre Einfälle.
3. Wie reagieren Sie auf anhaltende Depression und Trauer bei alten Menschen? Kennen Sie Möglichkeiten der Hilfe und Entlastung, wenn Sie an Ihre Grenzen stoßen?
4. Wie sollte sich Ihrer Meinung nach die Tochter von Frau M. verhalten? (Beispiel 1)
Wie sollte die Pflegedienstleitung sich dem wütenden Sohn von Frau S. gegenüber verhalten? (Beispiel 2)

5. Überlegen Sie Lösungsmöglichkeiten im Sinne einer Deeskalationsstrategie für die geschilderten Konfliktsituationen. Machen Sie sich für die Gruppendiskussion kurze Notizen.

Für die Gruppenarbeit:
1. Diskutieren Sie in der Gruppe Lösungsmöglichkeiten für die geschilderten Beispielsituationen.
2. Tauschen Sie sich darüber aus, in welchem Zusammenhang Sie hier Trauergefühle und Trauerreaktionen erkennen. Wie kann man gut damit umgehen?
3. Planen Sie in der Gruppe ein kurzes Rollenspiel, an dem entweder Frau M., ihre Tochter und ihre Pflegerin (Beispiel 1) oder der Sohn der verstorbenen Frau S. als Angehöriger, die Pflegerin Sabine F. und die Pflegedienstleitung (Beispiel 2) zum Gespräch zusammenkommen und über die jeweilige Situation sprechen.
   Das Rollenspiel soll von der Gesamtgruppe beobachtet und anschließend im Hinblick auf Möglichkeiten der Konfliktlösung diskutiert werden.

Prüfen Sie Ihr Wissen
a) Erklären Sie in eigenen Worten, was Sie unter **Kooperation** verstehen.
b) Nennen Sie drei **Voraussetzungen**, die eine gute Kooperation im Team ermöglichen.
c) Erläutern Sie anhand eines Praxisbeispiels einen **Konflikt** oder ein **Problem** in der Zusammenarbeit im Altenpflegeteam.
d) Nennen Sie drei mögliche **Ursachen** fehlender oder mangelnder Kooperation.
e) Beschreiben Sie, warum eine gute

Kooperation gerade in Trauersituationen besonders wichtig und notwendig ist.

Ausgewählte Literatur zur Vertiefung
Böhm, B.; Janßen, M.; Legewie, H.: Zusammenarbeit professionell gestalten. Praxisleitfaden für Gesundheitsförderung. Sozialarbeit und Umweltschutz, Freiburg i. Br. 2000.
Duff, C.S.; Cohen, B.: Wenn Frauen zusammen arbeiten. Frankfurt a. M. 1997.
Schulz von Thun, F.: Miteinander reden, Bd. 1, 2 und 3. Reinbek 1981 / 1989 / 1998. Hier besonders Bd. 3.
Thoman, C.; Schulz von Thun, F.: Klärungshilfe – ein Handbuch für Therapeuten. Gesprächshelfer und Moderatoren in schwierigen Gesprächen. Reinbek 1986.

7. Umgang mit Konflikten und Mobbing

7.1 Konflikte im Schul- und Berufsalltag

»Als Konflikt verstehe ich das, was dem einzelnen Menschen wie einer Gruppierung von Menschen auf der persönlichen wie beruflichen Ebene den Atem nimmt, was sinnvoller Handlung im Wege steht. Ich setze dabei voraus, dass alle Beteiligten ihren Konflikt als real existierend betrachten.« (vgl. *Lumma*, S. 128)

Konflikte und Blockaden kennt jeder, ob vor, während oder nach der Ausbildung. Krisen und Konflikte begleiten einen durchs Leben und auch im Berufsalltag. Sie ergeben sich gerade auch in Trauersituationen und im Umgang mit Trauer. Entscheidend ist die Betrachtungsweise von Konflikten und wie die Beteiligten damit umgehen. Ob sie Konflikte und Probleme mit anderen Menschen nur als lästige Störungen und Hindernisse oder auch als Herausforderungen erleben können, das macht im Alltagshandeln oft einen bedeutsamen Unterschied aus und entscheidet über die Bewältigungsstrategien, die zur Lösung von Konflikten eingesetzt und praktiziert werden.

Wenn man einen Konflikt als einen Kampf zwischen gegensätzlichen oder gleichartigen, aber konkurrierenden Handlungstendenzen auffasst, der sich entweder innerhalb einer Person oder zwischen verschiedenen Personen ergeben kann, dann kommt es darauf an, den widersprüchlichen Handlungstendenzen eine eindeutige Richtung zu geben. Die offene Austragung des Konflikts und ein konstruktives Konfliktverhalten können gelernt und trainiert werden. Gerade in Trauersituationen, im Umgang mit Verlusten und Verlustschmerzen ist dies jedoch besonders schwer.

7.2 Konflikte in Trauersituationen

Wie bereits mehrfach betont, ist Trauern ein individueller und durch widersprüchliche Gefühle und zeitweilig starke Rückzugstendenzen geprägter Prozess, den jeder auf seine Art durchlebt. Die Außenwelt tritt gegenüber den inneren Erlebnissen und dem persönlichen Schmerz deutlich zurück, sodass Trauernde oft nicht in der Lage sind, angemessen auf ihre Umwelt und andere Menschen zu reagieren. Manche können sich nur schwer mitteilen und ihre Bedürfnisse ausdrücken. Manche verhalten sich aggressiv, beschuldigen ihre Mitmenschen der fehlenden oder mangelnden Anteilnahme, andere scheinen in ihrem Schmerz förmlich zu versinken und nehmen daneben kaum noch etwas anderes wahr. Viele fürchten, an ihrer Trauer verrückt zu werden oder zu zerbrechen, andere versenken die Trauer in sich wie einen Stein, der sich erst nach Jahren wieder bemerkbar macht und auftaucht. Die verleugnete Trauer lässt sie während dieser Zeit wie erstarrt erscheinen.

Wer sich also selbst in einer akuten Trauersituation befindet oder wer trauernde Menschen in ihrer Trauer begleiten will, befindet sich in einer schwierigen Lage. Durch die Krise gestaltet sich die Kommunikation als besonders anfällig für Missverständnisse und Konflikte.

Dies ist schon durch die intensive Selbstbezogenheit der Trauernden bedingt und wird verstärkt durch den immer wieder durchbrechenden Verlustschmerz, der sich als Neid auf das scheinbare oder tatsächliche Glück der anderen, als Nicht-Ertragen-Können von nahe gehenden Gesprächen oder Beziehungen, als das Nicht-Ertragen auch nur der An-

Rückzug

Aggression / Wut

Angst

wesenheit anderer Menschen äußern kann. Man fühlt sich zerbrechlich und gelernter Konventionen plötzlich nicht mehr mächtig.

Als diejenige, die eine trauernde Person begleitet oder ihr auch im Prozess der Trauer nahe bleibt, was in der Pflege der Fall ist, wenn man sie nicht nur als eine Anzahl von auszuführenden »Verrichtungen« ansieht, bleibt neben der Bereitschaft, zuzuhören, Verständnis zu signalisieren und anwesend zu sein, nicht viel mehr zu tun. Dieses »nichts« oder wenig tun können, ist gerade für die so genannten helfenden Berufe besonders schwer auszuhalten, weil es in gewisser Weise ihrem Berufsethos und den eigenen Ansprüchen stark widerspricht. Doch auch das schlichte »Dabeibleiben« kann Hilfe bedeuten. Oft fällt es schwer, die Art und Weise zu akzeptieren, in der ein Mensch trauert, wenn man es selbst so ganz anders machen würde. Oft sind auch verschiedene Personen über den Umgang mit Trauer und Trauernden verschiedener Ansicht, woraus ebenfalls Konflikte entstehen können. Es fällt dann schwer, beispielsweise das Verhalten einer Kollegin zu verstehen, das einem selbst völlig unpassend erscheint.

7.3 Konflikttheorie

Eskalation/
Deeskalation

Grundsätzlich geht es im konstruktiven Umgang mit Konflikten zunächst darum, den Konflikt als solchen zu erkennen und

Konfliktsymptome

wahrzunehmen. Symptome für eine konflikthafte Situation können Ablehnung/Widerstand, Rückzug und Desinteresse, Gereiztheit, Aggressivität und Feindseligkeit sein. In der Gruppe herrscht häufig eine Atmosphäre von Intrigen und Gerüchtekultur vor. Die Beteiligten verhalten sich zueinander stur und unnachgiebig, oder betont formal und überkonform. Befindet sich die Gruppe im Dauerkonflikt und damit auch im Dauerstress, kann es auch zu körperlichen und

psychischen Erkrankungen kommen. Dies vor allem, wenn die Situation als hoffnungslos verfahren, aussichtslos und nicht mehr bewältigbar eingeschätzt wird. Auch hohe Fehlzeiten, Personalfluktuation und ein allgemein schlechtes Betriebsklima können symptomatisch für unterschwellige, nicht ausgetragene Konflikte sein.

Konflikte können unterschieden werden in:

- Zielkonflikte
- Beurteilungs-/Wahrnehmungskonflikte
- Rollenkonflikte
- Verteilungskonflikte und
- Beziehungskonflikte

Auf unterschiedliche Ursachen und Ausprägungen soll jedoch in diesem Zusammenhang nicht näher eingegangen werden. Bei jedem Konflikt ist es aber wichtig, zwischen Sach- und Beziehungsebene zu trennen. Darüber hinaus kann man eine Innenseite (Gedanken, Gefühle, Einstellungen) und eine Außenseite (Verhaltensweisen, Kommunikation) unterscheiden. Beide Ebenen beeinflussen sich dabei wechselseitig.

Wird ein Konflikt verdeckt, nicht offen angesprochen und aktiv angegangen, besteht die Tendenz zur Eskalation. Der Organisationspsychologe *Friedrich Glasl* hat hier ein Neun-Stufen-Modell entwickelt, das von Stufe 1 »Verstimmungen« bis Stufe 9 »Totaler Krieg« die Dynamik der Eskalation beschreibt (vgl. *Gamber*, S.31). Je höher ein Konflikt bereits eskaliert ist, desto schwieriger wird es, ihn auf die darunter liegende Stufe zurückzuführen und die Ursachen aufzudecken.

Im Hinblick auf eine konstruktive Konfliktlösung sind Annahmen »neuen Konfliktdenkens« förderlich, die besagen:

1. Konflikte sind unvermeidbar. Sie stellen notwendige Übergangsstadien bei

Anpassungs- und Entwicklungsprozessen dar.

2. Konflikte haben meist mehrere, miteinander vernetzte Ursachen. Die Analyse der Ursachen muss von allen Konfliktparteien getragen werden. Sie darf sich nicht in der Suche nach dem »Sündenbock« erschöpfen.

3. Für die Lösung von Konflikten bedarf es sowohl des analytischen als auch des intuitiven und kreativen Vorgehens.

4. Eine Partei kann keinen Konflikt gewinnen, da er weiterhin wirksam ist. Gewinnmöglichkeiten liegen für beide Seiten vor, wenn Lösungsversuche sowohl auf der Sachebene als auch auf der Beziehungsebene zu befriedigenden Lösungen führen (vgl. *Gamber*, S. 162).

Für die konstruktive Konfliktlösung ist es außerdem hilfreich, einen Unbeteiligten als dritte Partei hinzuzuziehen, der den Prozess der Konsensfindung begleitet und moderiert und bei Regelverletzungen einschreitet.

7.4 Mobbing

Nicht jeder Konflikt wird konstruktiv und für alle Beteiligten Gewinn bringend aufgelöst. In der Berufspraxis aber auch im Privatleben eskalieren Probleme und Konflikte mitunter bis hin zur Stufe des »totalen Krieges«. In diesem eskalierten Stadium kann dann zunächst nur noch im Abbruch der Beziehung, d. h. durch räumliche und emotionale Distanz, eine Auflösung der unerträglichen Situation geschaffen werden.

Seit einigen Jahren kursiert, bezogen auf die Berufs- und Arbeitswelt, der aus dem Englischen übernommene Begriff »Mobbing« für ein äußerst unkollegiales, den Arbeitsprozess schädigendes und behinderndes Verhalten. Wer an seinem Arbeitsplatz von Mobbing betroffen ist, erhält von seinen Kollegen oder Mitarbeitern nur ungenaue oder falsche Informationen, wird nicht anerkannt und akzeptiert, dafür aber für auftretende Fehler und Missstände bevorzugt verantwortlich gemacht, also sowohl auf der persönlichen wie auf der sachlichen Ebene permanent angegriffen oder ignoriert. Der Gemobbte gerät dadurch in die Rolle des »Sündenbocks«. Dies bedeutet für die betroffene Person Stress und Dauerkrise, die sich über den Arbeitsrahmen hinaus in eine persönliche Krise ausweiten kann. Als deren Folgeerscheinungen können sich tatsächliche Fehler und/oder Krankheitsbilder bis hin zum Zusammenbruch ergeben.

Mobbing zielt auf die Zerstörung des Selbstvertrauens in die eigenen Fähigkeiten und letztlich auf die Zerstörung des Selbstwertgefühls. Betroffene durchschauen den Prozess oft erst im fortgeschrittenen Stadium und fühlen sich dann in ihrer Situation wie in einem Teufelskreis gefangen. Es muss dann darum gehen, aus der zugewiesenen Rolle und den destruktiven Verhaltensmustern auszusteigen, um wieder mehr Selbstbestimmung und Handlungsfähigkeit zu erlangen. Meistens gelingt diese Veränderung nur mit Beratung und Unterstützung von außen.

Eine Lösung am derzeitigen Arbeitsplatz ist denkbar, wenn sich die Bedingungen und Verhaltensmuster aller Beteiligten ändern lassen, aber auch durch einen Wechsel des Arbeitsplatzes, wenn die Lage sich nach allgemeiner und persönlicher Einschätzung als hoffnungslos verfahren darstellt.

Wer an seinem Arbeitsplatz Mobbing gegen sich selbst oder andere vermutet, sollte sich trauen, offensiv und aktiv mit dieser Vermutung umzugehen, um den Konflikt durch offene Aussprache und Auseinandersetzung zu begrenzen. Scheint dies nicht mehr möglich, ist es hilfreich, sich Beratung und Unterstützung von Unbeteiligten zu holen und weitere Schritte gemeinsam zu überdenken.

Um Mobbing vorzubeugen und einzuschränken, sind ein positives Betriebsklima, transparente Entscheidungsstrukturen, gute Zusammenarbeit, klare Aufgabenzuweisung (Arbeitsplatzbeschreibungen) und gesundheitsfördernde Stressprävention aufzubauen. Angesichts der unsicheren Arbeitsmarktsituation werden Probleme mit Mobbing zukünftig wohl eher noch zunehmen. Wer sich der eigenen Stellung und der eigenen Kompetenzen im Arbeitsprozess unsicher ist, wird sich von neuen oder anders arbeitenden Mitarbeitern eher bedroht als unterstützt fühlen, was konkurrierenden statt kooperativen Verhaltensmustern Vorschub leistet und sich auf den Arbeitsprozess und das Betriebsklima destruktiv auswirkt.

7.5 Praxisbeispiele

Praxisbeispiel 1

Frau S. lebt im Altenpflegeheim, ist seit einem schweren Schlaganfall halbseitig gelähmt und daher bettlägerig. Ihre Angehörigen kümmern sich wenig um sie, erscheinen nur äußerst selten zu Besuchen. Frau S. gilt beim Pflegepersonal als schwierige Bewohnerin, auch weil sie häufig nach der Bettschüssel klingelt. Eine neue Kollegin beobachtet, dass eine Pflegerin auf Verlangen von Frau S. nach der Bettschüssel mit den Worten reagiert: *Da müssen Sie jetzt halt mal warten. Ich habe wirklich genug von Ihrer ewigen Klingelei. Beherrschen Sie sich und geben Sie Ruhe!* Auf die immer dringlicher werdenden Bitten erfolgt keine Reaktion. Nachdem Frau S. ins Bett gemacht hat, beschimpft die Pflegerin Frau S. und geht beim Wechseln der Bettwäsche ziemlich grob mit ihr um. Sie droht der alten Frau mit Essensentzug, wenn so etwas heute noch einmal vorkomme. Frau S. weint währenddessen vor sich hin und klagt an-

schließend der neuen Kollegin ihr Leid. Sie erzählt, dass diese rüde Behandlung kein Einzelfall sei. Am liebsten möchte sie sterben.

Praxisbeispiel 2

Herr F. ist ein liebenswerter alter Herr, der infolge einer schweren Lebererkrankung von einem ambulanten Pflegedienst zu Hause betreut wird. Vor kurzem ist seine Frau gestorben, mit der er über 55 Jahre verheiratet war und zusammengelebt hat. Herr F. kann es noch nicht recht begreifen, dass seine Frau vor ihm gestorben ist, zumal er immer der »kränkere« von beiden war. In seiner Trauer hat er merklich körperlich abgebaut; die Mitarbeiter des ambulanten Pflegedienstes sorgen sich um ihn. Herr F. ist dort als Patient sehr beliebt, fast alle Beschäftigten, die ihn kennen, kommen gern zu ihm. Hauptsächlich wird er, je nach Einsatzplanung, von Kerstin A., Peter B. und Sebastian C. betreut. Kerstin A. und Peter B. verstehen sich gut, beide mögen aber Sebastian C. nicht besonders, der ihrer Meinung nach auch Herrn F. nicht gut versorgt und Pflegefehler macht. Sie haben sich schon mehrfach im Team darüber beschwert, dass Sebastian C. oft vergisst, in die häusliche Pflegedokumentation einzutragen. Im Hinblick auf die aktuelle Situation sind sie der Meinung, dass Sebastian C. nicht angemessen mit der Trauer des Herrn F. umgehen könne, dass er ihm nicht zuhöre und die Pflege so schnell wie möglich hinter sich brächte. Kerstin A. und Peter B. haben, ohne mit Sebastian C. zu sprechen, überlegt, ob sie nicht zur Pflegedienstleitung gehen und fordern sollen, dass Sebastian C. nicht mehr zu Herrn F. geht, zumal ja andere den Einsatz gerne übernehmen würden. Sie verabreden gemeinsam ein Gespräch mit der Pflegedienstleitung, um ihr Anliegen vorzutragen.

Übungen zur Selbsterfahrung und Reflexion

Für die Einzelarbeit:

1. Überlegen Sie für die beiden Praxisbeispiele, wo es um Verlust und Trauer geht. Welche Gefühle treten in den beschriebenen Situationen jeweils in den Vordergrund?
2. Versetzen Sie sich in die Lage der neuen Kollegin (Beispiel 1) und in die Lage der Pflegedienstleitung (Beispiel 2). Wie kann in den geschilderten Situationen ein konstruktives Konfliktverhalten aussehen?
3. Versetzen Sie sich in die Lage der aggressiven Pflegerin (Beispiel 1). Welche Gründe und Ursachen könnte ihr Verhalten haben? Aus welchem Gefühl heraus scheint Sie zu handeln?
4. Versetzen Sie sich in die Lage von Sebastian C. (Beispiel 2). Was mag in ihm vorgehen, wenn er von Herrn F. kommt? Schreiben Sie einen kurzen Monolog (ca. zehn Sätze) aus der Perspektive von Sebastian C.
5. Überlegen Sie, ob Sie Mobbing-Situationen kennengelernt haben. Finden Sie ein Beispiel aus Ihrem Erfahrungsbereich.

Für die Gruppenarbeit:

1. Diskutieren Sie in der Gruppe konstruktive Lösungsmöglichkeiten für die geschilderten Beispielssituationen. Wie können die neue Kollegin (Beispiel 1) und die Pflegedienstleitung (Beispiel 2) deeskalierend handeln?
2. Tauschen Sie sich darüber aus, wo in den Beispielen Trauerreaktionen erkennbar werden. Wie sehen Sie den Zusammenhang mit der Konfliktentwicklung?

3. Planen Sie in der Gruppe ein kurzes Rollenspiel, an dem zunächst die Pflegedienstleitung, Kerstin A. und Peter B. teilnehmen (Beispiel 2), um über die Situation zu sprechen. Das Rollenspiel soll von der Gesamtgruppe beobachtet und anschließend im Hinblick auf die Rolle von Sebastian C. diskutiert werden.

Prüfen Sie Ihr Wissen

a) Wie lässt sich in kurzen Worten ein **Konflikt** beschreiben (**Definition**)?
b) Welche **Gefühle / Verhaltensweisen** sehen Sie in **Trauersituationen** als **konfliktträchtig**?
c) Welche **Ebenen** lassen sich bei einem **Konflikt** unterscheiden? Erläutern Sie diese.
d) Beschreiben Sie mit eigenen Worten, was man unter **Mobbing** versteht.
e) Benennen Sie drei Aspekte, mit denen **Mobbing** im Arbeitsleben **vorgebeugt** werden kann.

Ausgewählte Literatur zur Vertiefung

Berckhan, B.: Die etwas gelassenere Art sich durchzusetzen. München 1995.
Berkel, K.: Konflikttraining. Konflikte verstehen und bewältigen. Heidelberg 1990.
Besemer, C.: Mediation. Vermittlung in Konflikten. Freiburg i. Br. 1993.
Gamber, P.: Konflikte und Aggressionen im Betrieb. München 1995.
Glasl, F.: Konfliktmanagement. Diagnose und Behandlung von Konflikten in Organisationen. München 1980.
Duff, C.S.; Cohen, B.: Wenn Frauen zusammen arbeiten. Frankfurt a. M. 1997.
Haben, G.; Harms-Böttcher, A.: Das Hamsterrad. Mobbing – Frauen steigen aus. Berlin 2000.
Lumma, K.: Strategien der Konfliktlösung. Hamburg 1988.

8. Generationsperspektive und Generationskonflikte in der Altenpflege

8.1 Zur Generationsperspektive in der Altenpflege

Wer professionell in der Altenpflege arbeitet, ist meistens viel jünger – und darüber hinaus viel gesünder – als die zu pflegenden alten Menschen, die ja nur dann pflegebedürftig werden, wenn sie krank sind.

Das Alter an sich, und auch das hohe Alter, ist weder eine Krankheit noch muss es Unselbstständigkeit, Bevormundung und Abhängigkeit bedeuten. Es steigt allerdings die Wahrscheinlichkeit, nach Überschreiten der Altersgrenze von achtzig an einer schweren physischen oder auch psychischen Krankheit zu leiden. Wer professionell in der Altenpflege tätig ist, hat es jedoch überwiegend mit eben dieser Minderheit der gebrechlichen, pflegebedürftigen alten Menschen zu tun. Dies hat Auswirkungen auf die gegenseitigen Rollenzuschreibungen und auf die Vorstellungen, die sich Jüngere (Pflegekräfte) vom »Alter« und Ältere (Heimbewohner) von der »heutigen Jugend« machen.

Der Umgang zwischen Jüngeren und Älteren wird unter anderem auch von Vorurteilen, Stereotypen und den Erfahrungen mitbestimmt, die jeder als Kind seiner Eltern und eventuell als Elternteil eines oder mehrerer Kinder gesammelt hat.

Auch begegnen sich hier überwiegend weibliche Personen, weil zum einen hauptsächlich Frauen in Sozial- und Gesundheitsberufen tätig sind und die gesellschaftlich notwendige Pflegearbeit leisten. Zum anderen ist die Lebenserwartung von Frauen höher als die von Männern, d. h. Frauen werden älter als Männer und sind so auch mehrheitlich in Heimen und als Patientinnen in der ambulanten Versorgung anzutreffen. Mehrheitlich finden sich in der Altenpflege also Beziehungen zwischen jüngeren (professionellen) und älteren (pflegebedürftigen) Frauen.

Nach psychoanalytischen Verständnis gehen in diese pflegerischen Beziehungen Hintergründe und Erfahrungen der gelebten Mutter-Tochterbeziehungen ein und prägen die möglichen Konfliktpunkte. Neben der eindeutig ungleichen Stellung – die Jüngere arbeitet, die Ältere ist auf die Arbeit der Jüngeren angewiesen – unterscheiden sich die Angehörigen unterschiedlicher Generationen nach zeitgeschichtlichen und biografischen Lebenserfahrungen. Sie befinden sich in verschiedenen Lebensabschnitten und nehmen unterschiedliche Rollen ein.

Lebensgeschichtlich betrachtet steht die Jüngere in der »Mitte des Lebens«, ist auf Zukunft hin orientiert, vielfältigen Anforderungen, Erwartungen und Ansprüchen ausgesetzt. Für sie stellt die Pflegebeziehung nur einen kleinen Ausschnitt in ihrem Alltag und ihrer Lebenswelt dar. Sie hat häufig ein ganz anderes Zeitverständnis als die Ältere und darüber hinaus mehr Möglichkeiten der Mobilität.

Die Ältere dagegen befindet sich im letzten Lebensabschnitt, eine lange Wegstrecke Leben liegt schon hinter ihr. Es kommt nun verstärkt darauf an, von immer mehr Menschen, Dingen und Gewohnheiten Abschied zu nehmen, loslassen zu können und die gesammelten Erfahrungen und Erlebnisse in die Biografie zu integrieren. Oft liegen auch schon viele Abschiede und Verluste hinter ihr, häufig auch der Verlust von Gesundheit und körperlich-geistiger Integrität. Das Zeitverständnis ist für einen pflegebedürftigen, immobilen Menschen ein ganz anderes und auch den Stellenwert der Pflegebeziehungen bemisst er unterschiedlich. Für manche Heimbewohnerinnen sind diese Beziehungen die einzigen mitmenschlichen Kontakte, die sie überhaupt noch haben. Deshalb erhalten diese Beziehungen als letzte Verbindung zur Um- und Außenwelt ein immenses Gewicht.

Die Pflegebeziehung ist auch ein ungleiches Abhängigkeitsverhältnis, denn der pflegebedürftige, kranke alte Mensch ist ganz anders darauf angewiesen als die Pflegende. In gewisser Weise ähnelt es dem Abhängigkeitsverhältnis eines Kindes, das auf die Versorgung und Pflege anderer Menschen (seiner Eltern) angewiesen ist, obwohl der alte Mensch gerade kein Kind ist und auch nicht als solches angesprochen und behandelt werden sollte.

Die Pflegebeziehung ist eine Beziehung zwischen Erwachsenen unterschiedlicher Generationen, die in vielfältiger Hinsicht ungleich sind und wird mitbestimmt von den jeweiligen Kind-Eltern-Erfahrungen.

8.2 Zum Berufsbild und Berufsethos »Altenpflegerin«

Die Arbeit mit alten Menschen scheint sich als ideales Feld für die so genannten »helfenden« Berufe anzubieten. In der Gerontopsychologie ist seit einigen Jahren der Versuch unternommen worden, solche helfenden Beziehungen auch theoretisch zu beschreiben und zu erklären. Demnach wurden verschiedene Modelle der »Klient-Helfer-Interaktionen« entwickelt (vgl. *Wahl*):

- das moralische Modell
- das belehrende Modell
- das kompensatorische Modell
- das medizinische Modell

»Bei dem ersten, dem sog. moralischen Modell, wird der Hilfeempfänger sowohl für die Entstehung als auch für die Lösung seines Problems verantwortlich gemacht. Bei dem zweiten, dem belehrenden Modell, werden die Hilfeempfänger zwar für die Entstehung, nicht aber für die Lösung ihres Problems zur Verantwortung gezogen. Bei dem kompensatorischen Modell wird dem Hilfeempfänger keine Verantwortung für die Entstehung seines Problems unterstellt, wohl aber für Lösungsversuche. Schließlich führen die Autoren eine vierte Variante, dass sog. medizinische Modell, an. Hierbei wird sowohl die Ursache als auch die Lösung des Problems außerhalb des Verantwortungsbereichs des Hilfeempfängers gesehen. Als verantwortlich für die Entstehung des Problems wird in diesem Fall ein krankhafter Prozess betrachtet; die Lösung des Problems, soweit eine solche möglich ist, liegt in der Hand des Arztes, des Psychologen oder professioneller Pflegekräfte.« (vgl. *Wahl* 1991, S. 73.)

Die Ausbildung zur Altenpflegerin steht sicherlich in der Tradition des medizinischen Modells. D. h. dass die Pflegeinteraktionen von der Tendenz her oft auf helfende Fürsorge, »soziale Mütterlichkeit« und Versorgung ausgerichtet waren und weniger die verbleibenden Kompetenzen und die Förderung der Selbstständigkeit auf Seiten der Pflegebedürftigen im Mittelpunkt standen.

Andererseits besteht aber heute auch die Forderung nach »aktivierender Pflege« im Gegensatz zur »Satt-und-Sauber«-Versorgung und der Wunsch danach, dass der alte Mensch ganzheitlich als Persönlichkeit und nicht nur als Kranker, als »Pflegefall« betreut werden sollte.

Professionelle Pflegerinnen sehen sich hier in der Praxis vielfältigen, auch widersprüchlichen Ansprüchen und Belastungen ausgesetzt: *»Auf der einen Seite sind die Bedürfnisse der zu betreuenden alten Menschen augenfällig. Auf der anderen Seite ist so manches bei noch so viel gutem Willen nicht zu realisieren. Auf der einen Seite wünscht*

Pflegebeziehung als Abhängigkeitsverhältnis zwischen Ungleichen

Interaktionsmodelle

man sich deutliche Erfolgserlebnisse und positive Resultate des eigenen Bemühens. Auf der anderen Seite ist diese Erwartung in vielen Fällen unrealistisch, weil die Krankheit des alten Menschen bereits zu weit fortgeschritten bzw. nicht mehr umkehrbar ist.« (vgl. *Wahl* 1991, S.74)

Die Altenpflegerin gerät so häufig in Situationen des »hilflosen Helfers« (*Schmidbauer* 1977).

hilflose Helfer

Diesen mit der Berufsrolle verbundenen Belastungen kann durch personengebundene Bezugspflege begegnet werden, in der auf Sympathien und Antipathien in der Pflegebeziehung Rücksicht genommen wird. *»Sympathie und Antipathie scheinen auch in Pflegeinteraktionen eine gewichtige Rolle zu spielen und daraus resultierende Spannungen sind z.T. nur durch einen Austausch von Personen aufzulösen. Dies sollte als etwas ganz Normales gehandhabt werden und auf keinen Fall als persönliches Versagen erlebt werden (man »kann« eben nicht mit jedem alten Menschen). Wichtig ist weiterhin, dem alten Menschen (und seinen Angehörigen) von Anfang an die eigenen Möglichkeiten, aber auch die Grenzen des eigenen pflegerischen Handelns klarzumachen.«* (vgl. *Wahl* 1991, S. 76)

Bezugspflege

Mit dem Konzept der Bezugspflege können Spannungen und Konflikte im Vorfeld und auf der persönlichen Ebene entschärft, aber nicht gänzlich vermieden werden.

8.3 Generationskonflikte in der Altenpflege

Machtkämpfe

Konflikte zwischen den Generationen sind in erster Linie Machtkämpfe zwischen Jungen und Alten. Sie können im familiären Rahmen zwischen Angehörigen einer Familie oder auch in Pflegebeziehungen stattfinden und verschiedene Formen annehmen. Manche Konflikte laufen verdeckt ab, wenn sich etwa ältere Menschen für invalide zu halten begin-

nen, um die Aufmerksamkeit ihrer Kinder auf sich zu ziehen. Andere nehmen offene Formen an, wenn es häufig zum Streit über scheinbar Nebensächliches kommt. In der Regel werden offene Machtkämpfe mit Worten geführt. Sie können jedoch auch nonverbal ausgetragen werden.

In der Pflege spielen Eltern-Kind- bzw. Mutter-Tochter- Konflikte eine entscheidende Rolle. Dies bedeutet konkret, dass Pflegerinnen, wenn sie durch Bewohnerinnen und deren Eigenarten und besondere Verhaltensweisen an konflikthafte Situationen mit ihren eigenen Müttern erinnert werden, im Sinne einer Übertragung (Psychoanalyse) Probleme bekommen und in die Beziehung hineintragen können.

Umgekehrt gilt dies ebenso. Haben ältere Frauen die Erfahrung gemacht, dass sie sich auf ihre Kinder nicht verlassen konnten, dass sie sich ausgenutzt oder von ihren Kindern verlassen fühlen, werden sie aller Wahrscheinlichkeit nach zunächst misstrauisch und mit Vorbehalten auf das jüngere Pflegepersonal reagieren. Sehen sie sich in erster Linie im Alter als abhängig und benachteiligt, fühlen sie sich ausgeliefert und als Opfer, werden sie diese Haltung auch ihren Pflegern entgegenbringen, sich entweder bei ihnen beklagen oder betont rechthaberisch und anklagend-fordernd auftreten.

Eskalieren solche, im Ansatz immer bestehenden, Machtkämpfe und Generationskonflikte, können im Rahmen der Pflegebeziehung Übergriffe und Gewalt entstehen, die am besten schon im Vorfeld verhindert werden. Durch Presseberichte werden solche Eskalationen in Gewalt und Vernächlässigung im Zusammenhang mit unzureichenden Arbeitsbedingungen und vielfältigen Frustrationen immer wieder bekannt. Auch die Dunkelziffer von Gewalthandlungen gegen ältere pflegebedürftige Menschen im häuslich-privaten Bereich ist hoch.

Wer Zeuge von Aggressionen und Gewalt gegenüber jungen oder alten Menschen wird, sollte immer versuchen, die Situation offen anzusprechen, sich gegebenenfalls dafür Unterstützung und Beratung holen, aber nicht wegsehen, den Vorfall ignorieren oder auf sich beruhen lassen. Dies gilt auch im Rahmen der Altenpflege. Soll es hier zu einer Verbesserung der Pflege insgesamt und auch im Umgang auf der zwischenmenschlichen Beziehungsebene kommen, dürfen offene Generationskonflikte nicht verschwiegen und Gewalt und Vernachlässigung nicht hingenommen werden. Zu einem förderlichen Umgang mit bestehenden Konflikten gehört auch die gegenseitige und rechtzeitige klare Abgrenzung, was im Rahmen der Pflegebeziehung möglich ist und was nicht.

Oft spielen aber auch Missverständnisse und Vorurteile eine wichtige Rolle bei der Entstehung und Austragung von Generationskonflikten. So fällt es beispielsweise Jüngeren, Angehörigen der Nachkriegsgenerationen, häufig schwer, die traumatischen Kriegserlebnisse und -erfahrungen der Älteren nachzuvollziehen und zu begreifen. Ängste, Entbehrungen und Verluste, die aus diesen Zeiten rühren – oft auch verbunden mit einer Unfähigkeit zu trauern (vgl. *Mitscherlich*) und endloser Wiederholung der unverarbeiteten und unbewältigten Traumata – machen das Verständnis der Jüngeren für die Älteren schwer.

Umgekehrt haben ältere Menschen auf Grund ihrer Vorurteile und dem durch die Medien vermittelten Bild von »der Jugend« (die es als Einheit nie gab und gerade heute erst recht nicht gibt) Probleme damit, eine realistische Einschätzung des Lebensgefühls, der brennenden Themen und der Zeitrhythmen der jüngeren Generationen zu entwickeln bzw. nachzuvollziehen.

8.4 Praxisbeispiele

Praxisbeispiel 1

Frau N., 92-jährig, lebt noch allein in ihrem eigenen Haushalt, wo sie in Folge ihrer schweren Darmerkrankung aber schon seit längerer Zeit von der örtlichen Sozialstation versorgt und betreut wird. Frau N. hortet und versteckt immer wieder Lebensmittel und lässt diese an verschiedenen Orten verschimmeln. Werden diese verdorbenen Lebensmittel von den Pflegern entdeckt und weggeschmissen, kommt es mit Frau N. immer wieder zu Auseinandersetzungen. Sie beschimpft die Mitarbeiter der Sozialstation, dass sie ihr Geld verschwenden und ihr Vorräte wegnehmen, die sie unbedingt braucht, *»wenn wieder schwere Zeiten kommen und es nichts mehr zu essen gibt«*.

Manchmal zeigt sie sich im Gespräch einsichtig, fängt aber doch immer wieder damit an, Lebensmittel in Schränken und unter ihrem Bett zu verstecken.

Praxisbeispiel 2

Herr und Frau Z. leben gemeinsam in einer größeren Altenwohnanlage, er infolge eines schweren Schlaganfalls auf der Pflegestation, sie im Wohntrakt in ihrem eigenen Appartment.

Frau Z. besucht ihren Mann täglich auf der Station und verbringt dort den Großteil der Zeit mit ihm. Herr Z. kann seit dem Schlaganfall kaum noch sprechen und baut insgesamt auch körperlich immer mehr ab. Frau Z. ist geistig ganz klar und versucht, ihren Mann in allen Belangen zu unterstützen. Infolge ihrer eigenen gesundheitlichen Probleme ist sie aber zu körperlichen Belastungen wie Heben und Tragen nicht in der Lage. Das Ehepaar ist auf der Station beliebt, da Frau Z. kontaktfreudig und sehr offen und freundlich gegenüber anderen Patienten und dem Personal auf der Station auftritt. Sie ist hilfsbereit, nicht nur was die Pflege ihres Mannes betrifft und fast jeder kann sich gut mit ihr unterhalten.

Im Verlauf eines Gesprächs mit der Pflegerin G. erfährt Frau Z., dass gerade ein schwarzer Pfleger eingestellt wurde, der in der kommenden Woche seinen Dienst antreten wird. Frau Z. ist entsetzt. »Soll dann etwa ein Neger meinen Mann pflegen?«, fragt sie und erkundigt sich, ob es keine Möglichkeit gäbe, »noch Schritte dagegen zu unternehmen«. Pflegerin G. ist von der Reaktion und den »Sprüchen« Frau Z.'s genauso entsetzt. Im ersten Moment weiß sie gar nicht, was sie sagen soll.

Übungen zur Selbsterfahrung und Reflexion

Für die Einzelarbeit:
1. Stellen Sie sich vor, Sie sind als Zuschauerin bzw. Zuhörer in beiden Beispielen anwesend. Wie reagieren Sie?
2. Wen verstehen Sie besser:
   a) Frau N. oder die Mitarbeiter der Sozialstation?
   b) Frau Z. oder Pflegerin G.?
3. Schildern Sie in kurzen Stichworten, wo es in den Beispielen bei der Konfliktentstehung auch um die Generationsperspektive bzw. einen Generationskonflikt gehen könnte.
4. Was würden Sie als Pflegerin zu Frau N. bzw. zu Frau Z. sagen?
5. Glauben Sie, dass sie damit den Konflikt entschärfen? (Warum? Warum nicht?)

Für die Gruppenarbeit:
1. Tauschen Sie sich über Ihre in Einzelarbeit erstellten Notizen aus.
2. Welche Themen würden Sie in einer Mitarbeiterbesprechung/Supervision für wichtig halten, wenn es um die beiden Beispiele ginge? Entwerfen Sie eine »Tagesordnung«.
3. Finden und diskutieren Sie in der Gruppe weitere Beispielsituationen

aus dem Pflegealltag, in denen Generationskonflikte zum Tragen kommen.

Prüfen Sie Ihr Wissen
a) Erläutern Sie in eigenen Worten, was man unter einem **Generationskonflikt** verstehen kann.
b) Wodurch kommt es in Pflegebeziehungen zur **Übertragung** und was besagt der psychoanalytische Begriff?
c) Nennen Sie die **verschiedenen Modelle**, mit deren Hilfe in der Gerontopsychologie versucht wurde, verschiedene **»Klient-Helfer-Interaktionen«** zu beschreiben.
d) Beschreiben Sie kurz die **Berufsrolle der Altenpflegerin**. Welche besonderen Schwierigkeiten sehen Sie im Umgang mit offenen Generationskonflikten?
e) Beschreiben Sie, was man unter **Bezugspflege** versteht.

Ausgewählte Literatur zur Vertiefung

Alt und Jung. das Abenteuer der Generationen. Ausstellungskatalog, Basel u. a. 1997.

Duff, C.S.; Cohen, B.: Wenn Frauen zusammen arbeiten. Frankfurt a. M. 1995.

Gronemeyer, R.: Die Entfernung vom Wolfsrudel – Über den drohenden Krieg der Jungen gegen die Alten. Düsseldorf 1998.

Schüller, H.: Die Alterslüge – Für einen neuen Generationsvertrag. Reinbek 1996.

Stierlin, H.: Eltern und Kinder. Frankfurt a. M. 1976.

Stierlin, H.: Von der Psychoanalyse zur Familientherapie. München 1975.

Wahl, H. W.: Das kann ich allein! – Selbständigkeit im Alter: Chancen und Grenzen. Bern u. a. 1991.

Weakland, J. H.; Herr J. J.: Beratung älterer Menschen und ihrer Familien. Bern u. a. ²1988.

9. Stress und Stressbewältigung

9.1 Was ist Stress?

Unter Stress lassen sich vielfältige Formen starker Spannung und Erregung verstehen. Dauerstress wird zu einer Belastung, die körperliche und seelische Störungen und schließlich auch Erkrankungen auslösen und bewirken kann.

Ein Resultat von Dauerstress ist frühzeitiges Ausgebrannt-Sein, dass sich in Erschöpfungszuständen und zunehmend geringer werdender Belastbarkeit ausdrückt. Vor wenigen Jahrzehnten sprach man noch von der so genannten »Managerkrankheit«, heute kann Stress als typische Zeiterscheinung angesehen werden, mit der bereits Kinder im Vorschul- und Schulalter ihre persönlichen Erfahrungen haben. Der natürliche Spannungsbogen aus Anspannung und Entspannung, Arbeit und Erholung, wird durch unsere Lebensweise häufig gestört und der Mensch gerät aus dem Gleichgewicht. Das heißt mit anderen Worten: Die Person verliert ihre innere Balance.

Der Begriff »Stress« kommt aus dem Englischen und bedeutet so viel wie Belastung oder Druck. Die moderne Stressforschung wurde von dem kanadischen Arzt *Hans Selye* begründet. Man spricht von einem »Kampf- und Fluchtsyndrom«. Dieses bezeichnet die Reaktion des Körpers, wenn gefährliche oder Angst auslösende Situationen auftreten, auf die durch Kampf, Angriff oder Flucht reagiert werden muss. Der Herzschlag beschleunigt sich, der Blutdruck wird ebenso erhöht wie der Muskeltonus, die Pupillen erweitern sich.

Um zu überleben hat das Individuum zwei Möglichkeiten: den Kampf oder die Anpassung. Die Anpassungsfähigkeit des Körpers bzw. seine Energie sich anzupassen ist begrenzt. Wird diese Energie überzogen, reagiert der Mensch mit Stress-Symptomen. *Selye* spricht von Stress als einer Anpassungskrankheit. Er unterteilt den Stress in zwei Bereiche. Er spricht vom lebenserhaltenden als dem Eustress und dem schädigenden als dem Distress (griechisch: eu = gut, dis = schlecht).

Vergleichende Untersuchungen haben gezeigt, dass sich gleiche Stressbedingungen bei verschiedenen Menschen stark unterschiedlich und voneinander abweichend auswirken. Dies ist unter anderem davon abhängig, wie das jeweilige vegetative Nervensystem reagiert, ob der Sympathikus oder der Parasympathikus stärker anspricht.

Stress kann sowohl durch äußere als auch durch innere Reize ausgelöst werden. Zum Beispiel ist im Berufsalltag die Arbeitsplatzsituation oft »stressig«. Das betrifft nicht nur die Arbeitsbelastung, sondern oft auch die zwischenmenschlichen Beziehungen und die räumlich-strukturellen Rahmenbedingungen. Wenn es den Einzelnen aber möglich ist, im Sinne ihrer Interessen zu handeln und damit verändernd in ihre Arbeits- und Lebenssituationen einzugreifen, verschwinden die Stresssymptome oft spontan.

Entscheidend bei allen Stresssituationen ist die Fähigkeit, sich wieder entspannen zu können. Stress selbst ist nicht so gefährlich und kann, wenn er zeitlich begrenzt ist, sogar ein Ansporn zu Höchstleistungen sein. Nur wenn es zum Dauerstress kommt, wird der Organismus durch die ständige Überreizung des Nervensystems und der damit verbundenen Organe geschädigt.

Stressentstehung

9.2 Umgang mit Stress in der Pflege

Innerhalb der Altenpflege ist der Umgang mit Sterbenden, trauernden alten Menschen und ihren Angehörigen, aber auch mit der eigenen Trauer, wenn Bewohner kränker und schwächer werden, ein Stressfaktor, der persönliche Auseinandersetzung erfordert.

Gleichgewicht finden

Um nicht innerlich auszubrennen und mit der Zeit kraftlos zu werden, gilt es, einen Ausgleich zu den Erfahrungen von Kummer, Loslassen und Abschiednehmen zu schaffen. In der Freizeit – und wenn möglich, auch integriert im Arbeitsprozess – sollte etwas getan werden, was Spaß und Freude macht, etwas, das man in vollen Zügen genießen kann und was nicht unbedingt mit Anstrengung und Mühe verbunden ist.

Neben und während der Pflege von gebrechlichen alten Menschen gilt es auch, sich selbst gut zu pflegen und mit den eigenen Kräften so umzugehen, dass die Arbeit und der daraus resultierende Stress bewältigt werden können. Der Weg, der dabei einzuschlagen ist, muss von den Einzelnen selbst herausgefunden werden, je nach Bedürfnislage, Interessen und Vorlieben.

Selbstpflege

Zu einer guten Selbstpflege gehören eine bewusste Wahrnehmung sich selbst und den eigenen Bedürfnissen gegenüber, eine ausgewogene, gesunderhaltende Ernährung, ausreichende Bewegung und/oder sportliche Betätigung und verschiedene Möglichkeiten, um aus Spannungszuständen und stressigen Arbeitssituationen wieder herauszukommen, »abschalten« zu können und Entspannung zu finden. Dafür bieten sich sowohl bekannte Entspannungsverfahren wie Autogenes Training, Progressive Muskelentspannung (PMR), Yoga, Atemtraining und Meditation an oder auch persönliche Arrangements wie Spaziergänge, Gartenpflege, Tagebuchschreiben, Malen, eine behagliche Stunde des Ausruhens bei einer Tasse Tee etc.

Aufgaben der Pflegedienstleitung

Entscheidend ist, dass bei der täglichen Pflege und der Sorge um andere Menschen die eigenen Bedürfnisse nicht vernachlässigt werden, um nicht in einen Zustand von Daueranspannung und Dauerstress zu geraten. Dauerstress zerstört allmählich das innere und äußere Gleichgewicht der Person, macht anfällig für psychosomatische Beschwerden und Krankheiten und mündet langfristig in Erschöpfungszustände, die unzufrieden und letztlich arbeitsunfähig machen.

Neben der Aufgabe individueller Selbstpflege und Psychohygiene ist es aber auch eine zentrale Aufgabe für Pflegedienstleitungen, bei der Einsatzplanung ihrer Mitarbeiter und für den Pflegeablauf in ihrer Einrichtung, Möglichkeiten des Stressausgleiches zu bedenken, einzukalkulieren und möglichst in die Dienstpläne einzubeziehen und zu integrieren.

9.3 Trauer als Stress-Situation

Wer sich im Zustand der Trauer befindet, erlebt im Verlauf des Trauerprozesses unterschiedliche Stresssymptome. Trauern um einen schmerzlichen Verlust, am deutlichsten beim Verlust eines nahe stehenden Menschen, stellt für das Individuum einen hochgradigen Stressfaktor dar.

Schlafstörungen, Appetitlosigkeit, Depressionen, Depersonalisierungsgefühle, Herz-Kreislauf-Störungen, Atembeschwerden, Magen-Darm-Probleme, Kopfschmerzen, insgesamt psychosomatische Beschwerden jeder Art können sich einstellen. Gefühle der Hilflosigkeit, Zukunftsangst, Schuldgefühle und Suizidgedanken spielen ebenfalls eine Rolle. Auch können Trauernde, insbesondere beim unerwarteten, plötzlichen Tod eines nahe stehenden Menschen Aggressionen und Rachefantasien gegenüber Ärzten und anderen vermeintlich oder tatsächlich am Tod Verantwortlichen entwickeln.

Die Trauersituation löst immer eine hochgradige Verunsicherung und einen Einschnitt ins gewohnte Leben aus – und insofern bedeutet Trauern sehr viel Stress. Die wenigsten verfügen in einer solchen Situation über angemessene Bewältigungsstrategien und geraten in eine vorübergehende oder anhaltende Krise, die die ganze Existenz und das Selbstwertgefühl in seinem Kern betreffen kann. Der Trauernde gerät dabei sozusagen aus der inneren Balance und aus dem Gleichgewicht. Für das Pflegepersonal ist es hierbei entscheidend, Trauersituationen bei sich selbst und anderen als Belastungsstress wahrnehmen und erkennen zu können. Es geht weniger um den Anspruch, dann helfen, unterstützen und beraten zu können, als vielmehr um den zuvor genannten Aspekt der notwendigen Selbstpflege. Dies kann bedeuten, für Ausgleich im Sinne von Entspannung und Wohlbefinden zu sorgen, auch Sensibilität und Empathie im Umgang mit Trauernden zu entwickeln, die sicher nicht die »Pflegeleichtesten« sind, Verständnis für ihre Situation jenseits gut gemeinter Ratschläge und verstärkter Medikamentengabe aber oft bitter nötig haben.

Selye hat Stress als eine Anpassungskrankheit beschrieben. Für Trauernde geht es darum, sich an eine Wirklichkeit neu anzupassen, in der jemand oder etwas Entscheidendes endgültig fehlt. Dieser Prozess wird von Vielen in Bildern von Auswegslosigkeit und Verzweiflung beschrieben. Sie sehen sich vor einem riesigen, unüberwindlich scheinenden Berg ohne Kraft für den Aufstieg oder in einem tiefen schwarzen Loch ohne jegliches Licht am Ende des Tunnels verschwinden. Über den Berg oder aus dem schwarzen Loch zu kommen, stellt in jedem Fall eine starke Stress- und Belastungssituation dar. Dies sollten Pflegekräfte erkennen und sich bewusst halten, um selbst handlungsfähig zu bleiben und mit Belastungen besser umgehen zu lernen.

9.4 Praxisbeispiele

Praxisbeispiel 1

Marlene R. befindet sich zur Zeit in der Ausbildung zur Altenpflegerin. Sie ist 32 Jahre alt und hat zwei Kinder im schulpflichtigen Alter. Marlene möchte die Ausbildung, ihre Familie und die Erziehung der Kinder gern miteinander vereinbaren. Zeitweise jedoch droht ihr die ganze Situation über den Kopf zu wachsen. Zu Hause findet sie keine Zeit zum Lernen und zum Rückzug, in der Schule ist sie oft müde, abgespannt und fühlt sich gleichzeitig unter Leistungsdruck. Im Praktikum bei der Arbeit erlebt sie Zeitmangel und Anforderungen von seiten der Kolleginnen, denen sie sich nicht immer gewachsen fühlt.

Manchmal hat sie den Eindruck, keiner Aufgabe, die sie sich gestellt hat, wirklich gerecht zu werden. Nach ihrem Empfinden rast sie von einem Ort zum nächsten und die permanente Hetze und die Daueranspannung lassen nicht nach.

Praxisbeispiel 2

Stefanie S. ist ausgebildete Altenpflegerin und arbeitet seit fünf Jahren in einem Pflegeheim mit hauptsächlich demenzerkrankten, stark verwirrten und depressiven Bewohnern. Während der fünf Jahre ihrer Mitarbeit sind bereits mehrere Bewohner gestorben, was widersprüchliche Gefühle von Niedergeschlagenheit, Hilflosigkeit und auch Erleichterung in Stefanie ausgelöst hat.

Die Konfrontation mit den Leiden der Bewohner fällt ihr in letzter Zeit immer schwerer. Jetzt hat auch noch ihre Mutter, für die sie sich als einzige Tochter besonders verantwortlich fühlt, einen schweren Schlaganfall erlitten.

Stefanie hat das Gefühl, überall um sich herum nur noch Hinfälligkeit, Krankheit und Leiden zu sehen. Oft kann sie nach der Arbeit nicht mehr richtig abschalten. Durchschlafprobleme und starke Kopfschmerzen stellen sich ein.

Sie sieht sich überfordert und weiß nicht, was sie machen soll.

Übungen zur Selbsterfahrung und Reflexion

Für die Einzelarbeit:

1. Stellen Sie sich vor, Sie sind eine befreundete Mitschülerin von Marlene oder eine Kollegin von Stefanie. Was können Sie ihr sagen und raten?
2. Kennen Sie ähnliche Situationen aus Ihrem Berufs-/Ausbildungsalltag?
3. Wie reagieren Sie auf Daueranspannung?
   Woran merken Sie, dass Sie sich zu viel auf einmal vorgenommen haben?
4. Worin sehen Sie Ursachen, Lösungsmöglichkeiten und Handlungsansätze für Marlene und Stefanie in den beschriebenen Beispielen?
5. Was hilft Ihnen persönlich in Stresszeiten?
   Überlegen Sie realisierbare Möglichkeiten, wie Sie Ihr inneres Gleichgewicht finden und erhalten, und notieren Sie sich für die Gruppendiskussion Stichpunkte.

Für die Gruppenarbeit:

1. Diskutieren Sie in der Gruppe, was Sie Marlene und Stefanie anraten und wie Sie Ihre Situation beurteilen.
2. Tauschen Sie sich über Ursachen und Formen von Stresserscheinungen aus.
3. Diskutieren Sie Veränderungsmöglichkeiten, wenn Sie in Stress geraten und entwerfen Sie ein »Anti-Stress-Programm« für Marlene und Stefanie.

Prüfen Sie Ihr Wissen:

a) Erklären Sie kurz in eigenen Worten, was **Stress** bedeutet.
b) Wodurch kann Stress bewirkt oder ausgelöst werden?
Nennen sie drei mögliche **Ursachen**.
c) Inwieweit kann **Pflegearbeit stressauslösend** oder verstärkend wirken?
Finden und beschreiben Sie eine **Beispielsituation**.
d) Der **Verlust** eines geliebten Menschen und die **Trauer** um den Verlust gilt als hochgradiger **Stressfaktor**.
Welche Eigenschaften und Verhaltensweisen einer »Trauerhelferin« sehen Sie als hilfreich?
e) Nennen und beschreiben Sie mindestens drei verschiedene Möglichkeiten und Methoden zur **Stressvermeidung**.

Ausgewählte Literatur zur Vertiefung

Jerneizig, R.; Langenmayr, A.; Schubert, U.: Leitfaden zur Trauertherapie und Trauerberatung. Göttingen 1994.
Lazarus, R. S.: Stress und Stressbewältigung. In: Filipp, S.-H. (Hrsg.): Kritische Lebensereignisse. München 1981.
Schäfgen, M. (Hrsg.): Stress beiseite – Ein Ratgeber. Berlin 1995.
Schmidbauer, W.: Die hilflosen Helfer., Reinbek 1977.
Schmidbauer, W.: Helfen als Beruf. Reinbek 1992.
Selye, H.: Stress. Reinbek 1977.

Entspannungskurse nach unterschiedlichen Methoden werden besonders preiswert von örtlichen Krankenkassen und Volkshochschulen angeboten.

10. Hinweise für den Umgang mit Verlust, Schmerz und Trauer

1. Das Leben ist eine Reise durch viele Erfahrungen und Gefühle. Verbreiten Sie keine Dogmen des zwanghaft Positiven. Lassen Sie auch Schmerz, Leid und Traurigkeit bei sich und anderen zu.
2. Lassen Sie sich im Umgang mit Trauersituationen nicht von Ihren Ängsten bestimmen.
   Gehen Sie der Angst entgegen und dem Unbehagen auf den Grund.
3. Suchen Sie aktiv nach Unterstützung und entwickeln Sie Ausdrucksformen für Ihre Trauergefühle (durch Musik, Bilder, Gedichte, Texte etc.). Stecken Sie den Schmerz nicht einfach weg, schlucken und betäuben Sie Ihre Trauer nicht, sondern geben Sie ihr Ausdruck.
4. Finden Sie heraus, wie Sie persönlich Stress und Spannungen abbauen können. Tun Sie mindestens einmal die Woche, möglichst täglich etwas, was Sie entspannt und Ihnen gut tut.
5. Versuchen Sie, möglichst klar, direkt und freundlich mit anderen zu kommunizieren.
6. Vermeiden Sie es, anderen Ratschläge zu geben oder sie auf bessere Zeiten zu vertrösten. Jeder hat seine eigene Art des Trauerns. Akzeptieren Sie dies.
7. Arbeiten Sie konstruktiv und kooperativ mit anderen zusammen. Geben Sie Ihr Wissen weiter und vertrauen Sie auf Ihre Fähigkeit, auch in schwierigen Situationen gemeinsam Lösungen zu finden.
8. Bedenken Sie, dass Sie eine andere Person immer nur punktuell verstehen können. Machen Sie sich Unterschiede und Grenzen, aber auch die Gemeinsamkeiten als Menschen bewusst.
9. Verwirren Sie nicht die Verwirrten. Lassen Sie die Menschen, wie sie sind, aber verlassen Sie sie nicht. Bleiben Sie, wenn gewünscht, bei ihnen, auch wenn Sie nicht begreifen, was passiert.
10. Wenn Sie merken, dass sie sich mit Ihrer Tätigkeit immer unwohler fühlen und depressiv werden, gucken Sie sich woanders um. Erlauben Sie sich, zu gehen und Arbeitsfelder oder den Beruf zu wechseln. Erlauben Sie sich auch, dass Ihr Beruf genau der richtige für Sie ist.

Kurzgefasste Hinweise sind in Fachbüchern augenblicklich beliebt und modern. Sie liegen im Trend. Ein Vorteil für die Leser und Leserinnen kann darin bestehen, dass wesentliche und wichtige Inhalte gebündelt und kurz gefasst auf einen Blick erkennbar werden. Außerdem liefern gute Hinweise konkrete Handlungsvorschläge, die von der Theorie wieder in die Berufspraxis führen, in die konkrete Umsetzung des Gelernten.

Hinweise sind aber auch eine standardisierte Vorgabe, vermitteln somit die Sicherheit eines Rezeptblockes, obwohl es in vielen realen Situationen doch eher um die richtige Entscheidung im richtigen Moment, um Intuition und Integration, geht. Solche Entscheidungen, die unser Handeln bestimmen, sind letztlich nur bedingt planbar und trainierbar.

Gerade für den Umgang mit Verlust, Schmerz und Trauer spielt die individuelle Bedürfnislage, die Selbsterfahrung und -erforschung, Sich-Zeit-Lassen, Sich-Raum-Nehmen-Können eine entscheidende Rolle.

Die Konfrontation mit dem Tod zeigt auch ganz klar die Grenzen des Machbaren auf und verlangt eine innere Haltung von Zulassen, Loslassen und Aushalten-Können.

Trotzdem haben wir, anstelle eines Nachwortes, wesentliche Gedankengänge und Inhalte hier im Rahmen von kurzen Hinweisen zusammengefasst und wiedergegeben. Wir verfolgen damit das Ziel, einen Wegweiser in Richtung Praxis zu formulieren.

Nach der Lektüre der Texte und Bearbeitung der Übungen geht es für Sie nun darum, das Gelernte in den Berufsalltag und das eigene Leben zu übertragen und einzubeziehen. Das bedeutet Übersetzungsarbeit, Selbsterfahrung und »Ausprobieren« im Sinne von Praktizieren.

Für diesen Übergang und die persönliche Übernahme in das Alltagshandeln empfehlen wir Ihnen zum Schluss die Ausarbeitung einer persönlichen, von Ihnen selbst zusammengestellten und formulierten Checkliste, die auf Ihre Lebens- und Arbeitsbedingungen sowie auf Ihre aktuelle Situation zugeschnitten ist.

Versuchen Sie als letzte Übung, nach der Lektüre des Buches Ihre persönlichen Hinweise auszuarbeiten, indem Sie sich anhand unserer Vorgabe (oder auch ohne sie) die Frage nach den zehn zentralen Aussagen zum Umgang mit Verlust, Schmerz und Trauer stellen und diese aufschreiben:

1. _____

2. _____

3. _____

4. _____

5. _____

6. _____

7. _____

8. _____

9. _____

10. _____

Für Anregungen, Kritik und Verbesserungsvorschläge sind wir offen und dankbar. Wenn Sie uns Ihre Eindrücke und Vorschläge mitteilen möchten, dann schreiben Sie den Autorinnen oder wenden Sie sich an den Verlag.

Register

Barbara Messer

Tägliche Pflegeplanung in der stationären Altenpflege

Anwendung und Hilfen

Das neue Pflegemodell »Fähigkeiten und existenzielle Erfahrungen des Lebens« (FEDL) von Barbara Messer betrachtet den alten Menschen in Bezug auf die individuelle Ausprägung seiner Fähigkeiten und seiner persönlichen Biographie – eine Betrachtungsweise, die bislang gefehlt hat. Die FEDL sind eine Weiterentwicklung zu dem Pflegemodell »Aktivitäten und existenzielle Erfahrungen des Lebens« (AEDL) von Monika Krohwinkel.

Anhand der FEDL werden mögliche Pflegeprobleme und Ressourcen, Ziele und Maßnahmen gezeigt. Besondere Aufmerksamkeit schenkt die Autorin der Arbeit mit demenziell erkrankten Menschen und Menschen in der Sterbephase.

Barbara Messer bietet Formulierungshilfen bei der Pflegeplanung. Für spezielle Situationen beschreibt sie Beispiele, die sich bereits in der Praxis bewährt haben. Das Buch ist in der gewohnten Tabellenform eines Pflegeplanungsbogens gehalten. Die Thematik erschließt sich auf den ersten Blick, und die konkrete Umsetzung fällt leicht.

2001. 280 Seiten,
17,3 x 24,5 cm, Hardcover
ISBN 3-87706-631-3
€ 29,90

Christian Lummer

Praxisanleitung und Einarbeitung in der Altenpflege

Pflegequalität sichern – Berufszufriedenheit verstärken

Gut eingearbeitete Pflegekräfte haben Spaß an ihrer Arbeit und fühlen sich den Anforderungen gewachsen. Motivierte Mitarbeiter sichern eine gute Pflege, sodass sich ihre Kunden gut versorgt fühlen – Voraussetzung für den wirtschaftlichen Erfolg einer Einrichtung. Dieses Lese- und Arbeitsbuch unterstützt Praxisanleiter bei ihrer Konzeptentwicklung für die Einarbeitung. Es führt konkret an die eigene Praxis heran und bietet Anregungen zur persönlichen Vertiefung. Ein unverzichtbarer Begleiter bei der täglichen Arbeit.

2001. 84 Seiten,
17,3 x 24,5 cm, Hardcover
ISBN 3-87706-604-6
€ 20,–

»Das Buch ist den Praktikern in Alteneinrichtungen, den Leitungsverantwortlichen und den aus- und fortbildenden Dozenten für Altenpflege besonders zu empfehlen, um neuen Pflege-Mitarbeitern den Berufseinstieg zu erleichtern. Denn es strahlt die Grundhaltung der Wertschätzung, Empathie und Kongruenz aus.«
Altenpflege

Stand Oktober 2001. €-Preise gültig ab 01.01.2002. Änderungen vorbehalten.